陕西出版资金资助项目

中国现代出版家论著丛书

主编

郝振省

中国的新闻记者
与新闻纸

张静庐 著

西北大学
出版社

作者简介

张静庐，中国出版家，民盟盟员。1898年4月7日生于浙江镇海县。1969年9月在上海去世。

1911年在龙山演进国民学校毕业后，当学徒。1915年任天津《公民日报》副刊编辑。1920年任上海泰东图书局编辑、出版部主任。1924年与人合资创办光华书局，任经理。1929年创建上海联合书店，任经理。1931年与洪雪帆合办现代书局，任经理。1934年创建上海杂志公司，任总经理。任内经营出版不少进步期刊，这些期刊在当时产生了积极影响。1949年在上海任联营书店总经理。

中华人民共和国成立后，他先后任中央人民政府出版总署计划处处长，古籍出版社编审，中华书局近代史编辑组组长。

主要著述有《中国的新闻记者与新闻纸》《革命外史》《在出版界二十年》，编有《中国近代出版史料》初编、二编，《中国现代出版史料》甲、乙、丙、丁编，《中国出版史料补编》等。

编辑说明

张静庐是现代出版家，做过报刊、图书编辑，曾创办光华书局、现代书局、上海杂志公司等。1949年后，曾任出版官员、古籍出版社编审等。

《在出版界二十年》是上海书店根据上海杂志公司1938年版覆印本，主要回顾了他从事出版工作的经历和得失总结；《中国的新闻记者与新闻纸》则是上海书店根据现代书局1932年版影印"民国丛书"第三编版，主要是谈论中国新闻记者的兴起机缘和报纸发展历史。

这次整理重版，改原版竖排繁体字为横排简体字，改正了异体字、俗体字等，核改了一些错讹文字，依现今规范添加了文中大量书报的篇名书名号、引号以别记述文字，统一了格式等，以方便今天读者的阅读。

总 序

"中国现代出版家论著丛书"，选集张元济等中国现代出版拓荒者14人之代表性作品19部，展示他们为中国现代出版奠基所作出的拓荒性成就和贡献。这套书由策划到编辑出版已有近六个年头了，遴选搜寻作品颇费周折，繁简转化及符合现今阅读习惯之编辑加工亦费时较多。经过多方努力，现在终于要问世了，作为该书的主编，我确实有责任用心地写几句话，对作者、编者和读者有个交代。尽管自己在这个领域里并不是特别有话语权。

首先想要交代的是这套选集编辑出版的背景是什么，必要性在哪里？很可能不少读者朋友，看到这些论著者的名字：张元济、王云五、陆费逵、钱君匋、邹韬奋、叶圣陶等会产生一种错觉：是不是又在"炒冷饭"，又在"朝三暮四"或者"朝四暮三"？如此而然，对作者则是一种失敬，对读者则完全是一种损失，就会让笔者为编者感到羞愧。而事情恰恰相反，西北大学出版社的同仁们用心是良苦的，选编的角度是精准的，是很注意"供给侧改革"的。就实际生活而言，对待任何事物，怕的就是"一叶障目，不见泰山"，怕的就是浮光掠影，道听途说；怕的就是想当然，而不尽然。对待出版物亦是这样，更是这样。确实不少整理性出版物、资料性出版物，属于少投入、多产出的克隆性出版；属于既保险、又赚线的懒人哲学？而这套论著确有它独到的价值。论著者不是那种"两耳不闻窗外事，闭门只读圣贤书"的出版家，而是关注中华民族命运，焦急民族发展困境的一批进步知识分子。他们面对着国家的积贫积弱，民众的一盘散沙，生活的饥寒交迫；列强的大举入侵，和"道德人心"的传统文化与知识体系不能拯救中国的危局，在西学东渐，重塑知识体系的过程中，固守着民族优秀文化的品格，秉承"为国难而牺牲，为文化而奋斗"的使命，整理国故，传承经典，评介新知，昌明教育，开启民智，发表了一系列的论著，为我们国家和民族的现代出版文化事业进行了拓荒性奠基。如果再往历史的深层追溯，不难看出，他们身上所体现的代表中国传统知识分子心胸与志向的使命追求，正如北宋思想家张载所倡言的："为天地立心，为生民立命，为往圣继绝学，为万世开太平"。我们为中华民族这些前仆后继、生生不息的思想家们肃然起敬。以张元济等为代表的民国进步出版家们，作为现代出版文化的拓荒奠基者，其实就是一批忧国忧民的思想大家、文化大家。挖掘、整理、选萃他们的出版文化思想，其实就是我们今天继承和弘扬优秀传统文化的必然之举，也是为新时代实现古今会通、中西结合的创造性转化与创新性发展提供借鉴的必须之举。

不仅如此，这套论著丛书的出版价值还在于作者是民国时期我们这个国家和民族最有代表性的一个文化群体，一批立足于出版的文化大家和思想大家；14位民国出版家的19部作品中，有相当部分未曾出版，具有重要的填补史料空白的性质，对于这个领域的研究者、耕耘者都是一笔十分重要的文化财富之集聚。通过对拓荒和奠基了中国现代出版事业的这些出版家部分重要作品的刊布，让我们了解这些出版家所特有的文化理念、文化视野、人文情怀，反思现在出版人对经济效益的过度追求，而忘记出版人的文化使命与精神追求等等现象。

之所以愿意出任该套论著丛书的主编还有一层考虑在里面。这些现代出版事业拓荒奠基的出版家们，其实也是一批彪炳于史册的编辑名家与编辑大家。他们几乎都有编辑方面的极深造诣与杰出成就。作为中国编辑学会的会长，也特别想从中寻觅和探究一位伟大的编辑家，他的作派应该是怎样的一种风格。张元济先生的《校史随笔》其实就是他编辑史学图书的原态轨迹；王云五的《新目录学的一角落》其实就是编辑工作的一方面集大成之结果；邹韬奋的《经历》中，就包含着他从事编辑工作的心血智慧；张静庐的《在出版界二十年》也不乏他的编辑职业之体验；陆费逵的《教育文存》、章锡琛的《〈文史通义〉选注》、周振甫的《诗词例话》等都有着他们作为一代编辑家的风采与灼见；赵家璧的三部论著中有两部干脆就是讲编辑故事的，一部是《编辑忆旧》，一部是《编辑生涯忆鲁迅》，其实鲁迅也是一位伟大的编辑家。只要你能认真地读进去，你就会发现一位职业编辑做到极致就会成为一位学者或名家，进而成为大思想家、大文化家，编辑最有条件成为思想家、文化家。"近水楼台先得月，就看识月不识月"。我们的编辑同仁难道不应该从中得到启发吗？难道我们不应该为自己编辑职业的神圣性而感到由衷的自豪与骄傲吗？

这套丛书真正读进去的话，容易使人联想到正是这一批民国时期我国现代出版事业的拓荒者和奠基者，现代出版文化的开创者与建树者，为西学东渐，为文明传承，作出了巨大的历史性贡献。他们昌明教育、开启民智的出版努力，他们所举办的现代书、报、刊社及其载体实际上成为马克思主义向中国传输的重要通道，成为中西文化发展交融的重要枢纽，成为当时的中国先进知识分子寻求和探究救国、救民真理的重要精神园地。甚至现代出版事业的快速发展与现代出版文化的初步形成，乃是中国共产党成立、诞生的重要思想文化渊源。一些早期共产党人就是在他们旗下的出版企业担任编辑出版工作的，有的还是他们所在出版单位的作者或签约作者。更多的早期共产党人正是受到他们的感染和影响，出书、办报、办刊而走上职业革命道路的。从这个意义上讲，我们对民国出版家及其拓荒性论著的价值的重视还很不够。而这套论著丛书恰恰可以对这个问题有所补救，我们为什么不认真一读呢？

　　是为序。

郝振省

2018.3.20

目　录

上编　中国的新闻记者

下编　中国的新闻纸

上编

中国的新闻记者

一、新闻事业与新闻记者

开宗明义第一章，我要提出"新闻记者是什么"这一个问题。

随便什么事物，如果不加以一种慎思精辨的功夫，对于那一件事物的意义，总是似明了非明了，而不能加以明确的解释的，譬如"国家"一个名词，几乎个个人都知道的了，都明白的了，但你倘若随便问什么人，说："国家是什么？"那这个人一定不能回答，最多也只能说"国家就是国家"罢了。至于国家的性质，国家的作用，国家的历史，就很少有人能回答得明白的了。世界上像这类的事情很多，表面一层似乎人人都懂得，若揭开了表面讲骨子，便不能回答了，这正合上了我国的一句"似懂非懂"的俗语。

如今我提出了这个"新闻记者是什么"的题目，猛一看我知道一定要惹人家的笑话，一定有人要说："新闻记者就是新闻记者；新闻记者难道不是新闻记者吗？"不错，新闻记者固然就是新闻记者，但"就是新闻记者"六字难道就可以回答"新闻记者是什么"一个问题了吗？这种半斤八两的回答也就未免太简单，太滑稽了罢！

当然，如果我们要回答这个问题，结果也总是免不了"新闻记者就是新闻记者"，新闻记者也决不会变成非新闻记者的。但我们所要求的回答，是要从各方面去说明新闻记者，不是从新闻记者本身去证明新闻记者这一点。我们在回答这个问题之前，当得要注意的！

就历史方面讲，我国是向来没有报纸的——从前的邸抄官报，完全是一种公布命令的机关，没有普遍性，所以不能称为报纸——所以可以说我国向来是没有新闻记者的。新闻记者的发源地还是在外国。

我们现在都知道报纸的重要了，没有了报纸，差不多就如失去了我们的耳目一样，但报纸是一个空壳子，要没有新闻记者替报纸支持门面，那报纸仅不过一张白纸而已，决不能成为社会的必需的读物了。

但报纸何以必需新闻记者支持门面呢？新闻记者又何以能替报纸支持门面呢？我们要解答这个问题，就得要先明了报纸的可贵之处何在，再研究这些可贵点的来源，就可以得到相当的答复了。

我们先问：我们为甚么一天不能不看新闻纸呢？人类是求知的动物，人类又是万事都要求解答的动物，知可以从学校的书本上获得，知也可以从一切自然现象上获得，但最重大最需要的是从人类自己的行为上能获得一切更大更深更切实用的知。人类不能不求知，人类不能不明了自己的行为。但自己的行为不是从自己本身可以看出的，一定要从普照一切的镜子里方可以映出——这普照一切的镜子，就是我们日常必需的新闻纸了。

因为那上面详细的载着：人类的斗争，自私，虚伪，强暴，一切无告的痛苦，罪恶的欢乐，人类从这里可以窥见自己——但一般醉生梦死的局促之夫，也可以从这里迷却自己！

这些就是新闻纸的可贵之点，新闻纸之所以成为我们每天必需的读物之理由也就在这一点。然而这些可贵之点，不是新闻纸本身所具有的，乃是新闻记者所造成的。新闻记者去采访了一切珍贵的新闻，新闻记者又把这些珍贵的新闻分门别类的编辑起来，再经过了一翻印刷的手续，才成为我们一日不能脱离的新闻纸。所以饮水思源，如果我们要把新闻纸的价值看高，我们就得要把新闻记者的地位也同样看高才对。这就是新闻纸的功用方面说——也可以说是从新闻记者的功用方面说。

再从性质方面说。中国的新闻记者，大概可以分成两种组织。恐怕欧美各国也是如此的——那两种呢？一种便是报馆里的记者；另一种是通讯社 ① 的记者。

为说明便利起见，这里似乎要把报馆与通讯社二者的关系略加说明的必要。报馆，那便是日报的制造发行者。而通讯社则仅是新闻的供给者，通讯社每天所得的新闻，只要有报馆肯采用，且能给与相当的稿费者，通讯社便能将新闻送给报馆，由报馆加以编辑而披露于报端——通讯社的新闻稿，也有私人订阅的，但无关紧要，故不赘述——报馆因欲报纸的发达，不能不采用新鲜的重要的新闻，故除了自己雇用的新闻记者（即报馆新闻记者）外，更得要采用通讯社的新闻稿。而且通讯社供给新闻于各家报馆，不仅只一家，所以它常常是为各报馆所

---

① 编者注：原稿为"通信社"，现依规范改为"通讯社"。

重视为新闻之重要的来源。

　　报馆的组织比较复杂，所以对于新闻的采访也不能十分普遍而完备，虽然有些报馆也雇用着很多的外勤记者，但仅能采访到某种特别的新闻而已，它的范围是决不会普泛的，所采访新闻也是很有限的。而通讯社则不然，因为它把采访到的新闻作为唯一的职务，所以对各种新闻的来源，常常不肯轻易的放弃，就是新闻的材料，也是没有一定的限制的。因此，通讯社的新闻，与报馆记者采访来的新闻，常常不会冲突。所以通讯社能够存在，而报馆方面也就不得不重视通讯社了。

　　报馆与通讯社的关系既明，如今可说到新闻记者了。照普通的解释似乎新闻记者的职务仅不过采访新闻而已。这句话自然有一部分的真理，譬如通讯社的记者，和报馆的外勤记者（专司采访新闻之责任），岂不是他们的职务仅限于采访新闻吗？但如果要把新闻记者的意义扩大时，则这句话便不能成立了。但也有以为只要从事于新闻事业的，除了印刷工人，不管他是报馆的营业员，校对员，和通讯社的抄写员，都一律称之为新闻记者。这样的解释又似乎太宽泛了。

　　今试说新闻记者之范围如下：

　　　　凡供给、编辑各种新闻（电报当然在内），使成为报纸者，便是新闻记者。凡代表报馆立论者，便是所谓评论记者——这往往是一报馆的总主笔。而文艺编辑虽也有称为记者的，但是是附庸的，无关重要。

就通讯社方面说，自社长，外勤，编辑，都可以称为新闻记者。就报馆方面说，自总主笔，电讯编辑，外埠编辑，本埠编辑，商业编辑，教育编辑，文艺编辑——这些都是内勤的，以至于外勤的记者，都可以称为新闻记者。

此外又有特约的通讯记者，譬如在重要的行政区域，如像北京、南京、广东、武汉等处，各报馆或各通讯社，差不多都有特约的通讯记者长驻那边，遇有紧要事情发生时，或拍电报告，或快信报告，或用抽绎线索的方法详细的把政局变化的内幕通信报告。这当然也是新闻记者。

除了这些之外，另外还有一种名为访事员的——这也许是上海新闻界所特有的，他专采访一些社会的琐闻，及机关上的新闻（如像上海临时法院里面就有专司记录新闻的一个访事员，他把法院里边所得到的各种新闻记录出来，送给各家报馆），这种访事员在供给新闻于各家报馆的一点上，颇有些似通信社的性质，但是个人的，没有如通讯社那般的组织了。照理，当然不能把访事员屏之于新闻记者之外。

关于新闻记者概括的意义，我大概已说个明白，读者们当已无所犹疑。至于新闻记者的职务及分工，我当于以后几节内去详细的叙述它。

二、新闻记者的地位

提起新闻记者这四字，好像这是多么阔的一种职业，无论什么大人先生的宴会，伟人政客的寓邸，都常有新闻记者们的足迹，若不是地位高尚，那能办到这一层呢？

而且向来的习语，对新闻记者有"无冕之帝王"的雅号。这便是说新闻记者虽不是帝王，但他的权力，却有似帝王一般，能够左右一切。威震一世的拿破仑也曾说过这样的一句话："新闻记者的笔可抵三千毛瑟。"拿破仑当事业全盛时代，曾控制全欧，铁骑所至，无不慑服，他是一个怎样善用武力而又崇拜武力的人，我们不难想象得知，以他那样的人，还如此重视新闻记者，固无怪有"无冕之帝王"的雅号了。

究竟新闻记者地位如何高尚，他所秉有的权力是那一种呢？这便是我们要在这里加以研究的。

我们先说新闻记者的地位。一般人所说的新闻记者的地位，只着眼于新闻记者在社会上的地位，而忽略了在职业上的地位，这是不对的。以后这里分成两方面讲：一、新闻记者在社会上的地位；二、新闻记者在职业上的地位。

一、新闻记者在社会上的地位 这便是一般人眼光中的新闻记者了。出入于伟人政客之门，来往要津，似乎一切政局的变动，与新闻记者都有一些关系似的。又如富商巨贾的宴集，名流学者的演讲，也总有新闻记者们的足迹。于此可想见新闻记者的声气之广。这是从新闻记者的行动上，可以想象他所处的地位之高。

在一般社会之间，说起新闻记者来，总好像是一种高不可仰的人物。许多著名的新闻记者，他们的姓名大多数为社会人士所熟悉，如果你有机会与那些新闻记者见面，或在宴会中听见人说某人就是某有名的记者时，心中便会不自觉地肃然起敬。及见到了他们的行动自由，为人尊敬，又不觉的羡慕起来。新闻记者在一般人的心中，他的地位的确是很高尚的了。

但何以会如此呢？新闻记者何以能使人肃然生敬呢？

我们知道，新闻记者所凭借的是新闻纸。因在今日的世界，新闻纸已成了人生必需的读物。人们都从这上面获到一切知识，得知许多自己所愿意知道的事情，而且有的还借此推广贸易，招徕生意。新闻纸既为人人所必读，它的效力之宏大，是无待细说的。于是乎国际的交涉，政局的变化，吏治的优劣，社会的道德，一切都记载在新闻纸上面——不但记载；而且还加以批评。这些评论，往往是中繁的，得一般人心的，为多数人说话的。于是这批评便造成了社会的舆论。社会的舆论造成，它的势力便能左右一切而有余。譬如政府将举行一种新税，此新税实为苛细平民，于社会无利，于是在报端评之，责以不当办此苛捐杂税；这成了社会的舆论以后，政府势不能置民意于不顾，于是或加以修改，或竟废止之。既此一端，便可见舆论的效力了。

举凡新闻纸上的记载、批评，这些都是新闻记者所做的工作。新闻记者做这些工作的时候，往往是秉了大公无私的，为社会的，为多数人的，公平的胸怀着想。他反对个人的利益，他嫉恶不道德的行为；他的言论行动，往往以公众的幸福为前提。他的言论受社会的欢迎、拥护，因此他便有了势力，便能左右一切。这便是新闻记者在社会上处于一种很高的地位之唯一的原因。

新闻记者的言论不但是深入多数人心的，他常常居于先觉的地位，来指导社会，来启发人心。民众的思想往往是落后的，民众的行动往往要流于非礼的。新闻记者便有启发与指导的义务和责任。新闻记者在社会上的地位不但很高，简直可说是"超社会的"，处于一种指导者的地位。

我国已故的名记者邵飘萍先生曾说："新闻记者是社会的公人。"也就是这个意思。

所谓"超社会的"，与"社会的公人"云者，都是说明新闻记者的地位之高尚，是由于他的职务之负着启发、指导社会的责任，因此被人敬爱，被人尊重，他的地位也因此自然而然的高了。究竟地位之高下，不是自己可以作主的，完全是社会的意思啊！

二、新闻记者在职业上的地位 新闻记者在社会上的地位固然是很高的了。有许多新闻记者，也常常以他的地位之高自傲、自满，其实呢，新闻记者在社会上的地位之高，是由于他所负的责任之重大的结果，但当他正在负起责任做工作的时候，他的地位不一定是高的，反之，这倒是一种很辛劳的职业。

我们要知道，照在社会上的地位之高下讲，新闻记者似乎已成为一种很尊贵的阶级；但我们不可忘记：新闻记者的本身也是一种职业啊！

所谓职业云者，原无阶级之可别。通常所指的某种职业为上等的，某种职业为低微的，大概有两种标准：赚多的钱，做少的事，此为上等的职业；做辛苦的事，赚很少的钱，此为低微的职业。这种标准，原不是什么古圣先王所制而垂为典型的，但在一般人的心理，的确都是如此着想；虽然也有许多明理的人的见解不尽相同。

照此标准，我们且来试看新闻记者的职业是如何的？我们很可以探听得出，新闻记者的薪给都是并不丰富的，比了在工厂中做工的劳工固然似乎稍优，比了其他从事工商业的一切职业，则相差也就很远了。一切的职业，服务总有一定的时间，而新闻记者则不然：每日有照例的工作，但每日还有临时的工作。到了晚上，不论贫富贤愚，一切人都是睡眠休息的时候，唯独新闻记者尚且还要埋头工作，无论深更半夜，无论风电雷雨，如果地方上发生了某种重大的事故，新闻记者也须打起精神前去采访，作为明日报端的资料。新闻记者以日夜不息的精神，与肉体的劳动，来易相当——甚至很微薄的报酬，就职业上讲，我们可以断言新闻记者也不是一种优逸的职业，如果照普通的标准说。

新闻记者不是商人，但报馆或通讯社大都是以营业为主体的，所以新闻记者不啻就是商店中雇用的伙友，或是工厂中雇用的工人。实际上，新闻记者可说是一个劳力而又劳心的苦工，其地位和普通工厂里一个忠实的工人一样，只是日夜不休的机械式的工作着——就这方面讲，新闻记者的地位不但不是可尊敬可羡慕的高尚的地位，反之，倒是一种极低微的极辛劳的职业，有如机械般的，任人拨动，如我在前面所说那样。

所以明达的新闻记者，他并不以在社会上为人推崇而自夸自满，反而格外的谦恭，忠实的，公平的，努力的，对他的职业负起责任：这便是说对社会要说公平的话，要负启导的责任。这样，一个新闻记者自然而然地为社会人士所尊敬了。有些轻薄的人，以为一当了新闻记者便可睥睨一切，傲视他人，不尽力于职业，反想招致虚名，这便是忘记了自己的地位的缘故。

一切的人所被人推崇，被人尊崇，是有相当的理由的，新闻记者要永远的保持在社会上高尚的地位，便当推求所以被人尊敬的理由，而努力以致之。若自视高尚，便以为是高尚了，这将不但丧失了社会人士向来对新闻记者的崇仰，而且还要加以卑视呢！

三、新闻记者的资格

新闻记者在社会上既然成了一种"指导者"的地位，自然是为一般人所崇敬而羡慕的了。由羡慕的心理，于是有以一做新闻记者以为荣的。但是新闻记者是不是随便什么人都可以充当的呢？是不是一定要具有某种天才的或专门学者方可以充任呢？

当然，谁也不是天生成为新闻记者的，那么，自然随便甚么人都可以充任的了——但不要忘了必备的几种条件，否则就谁也不能充当新闻记者了（这里所说的条件，便是资格的意思）。

所谓必备的几个条件，是些什么呢？换言之，新闻记者这一种职业——说是地位好像更来得确当一点——是凭何种资格获得的呢？让我来胪列在下边，看看是不是随便什么人都可以充任的：

一、强健的体格——能耐辛劳：新闻记者的工作，我在前边曾说过，也是机械式的，然而这种机械式的工作，比了公司银行式的每天八小时或六小时的工作更苦，因为既不能规定一天工作几小时，也不能预先规定于某时间开始工作，于某时间停止工作。本来在十二点钟可以进午餐的，临时忽然发生了一件不能不去探听的新闻，于是只能把定时的午餐牺牲了，或者胡乱吃一些点心充饥便算了。本来在晚上十一点钟可以安寝的，但因为正在工作时间，只能把睡眠的时间延迟。这样的饮食与睡眠常常失时，是有反于卫生之道的，是容易致病的。但既当了新闻记者，你若要求饮食与睡眠的调节，是真一件不可能的事了。而且新闻记者的工作时间，常在夜里，夜里长时间的工作，最容易损害身体与目力，加以睡眠的不足，所以新闻记者最容易患的病——最显而易见的是：面色苍白，筋肉弛缓，目力短视，失眠症，神经衰弱，与胃不消化等症，由此可以知道当新闻记者第一个必要条件是强健的体格，才能耐得住辛劳。按此尚是指普通的新闻记者而言。若是遇到战事时派出的从军记者，或是别地方发生了重大事故，特派去调查的记者，那旅途跋涉，舟车奔波，这种辛劳更非有强健的体格的人不能担当。所以新闻记者必定要有强健的体格，否则便容易患上述诸症。

二、丰富的常识——熟知一切："常识"二字，顾名思义，原是一个人须常备的知识之意义。人类的世界是应用知识的世界，常识原是每个人所必须具备的，不一定要新闻记者才有。但读者要留意：我在常识二字上面，还冠着"丰富的"三字。我的意思是：新闻记者不但要具备常识，而且还要具备"丰富的"常识才对。为什么呢？普通一个人所以要具备常识，原是在应用方面正不能不有赖于常识。新闻记者，也不能外此。但因为新闻记者的职业，其来源是新闻，而新闻是包罗万象无所不有的，什么政治法律外交军事经济……一切人间的知识，差不多都与新闻有关系；即下之帮会的"门槛"，各种的行语，当新闻记者的亦应知道一些才对，不比普通人的常识，仅限于日常所应用的卫生等等知识就够了。所以说新闻记者要具备丰富的常识可以说是包罗一切的常识；能具备了丰富的常识，才能熟知一切，然后无论采访新闻，编审新闻，评论新闻，都不致有盲目之弊。普通以为只要是文人便可充当新闻记者，这是错误的；有些人以为只要多读几本新闻学的书籍，也可以充当新闻记者，这也是错误的。须知道一个文人他不一定能够应付处于新闻记者地位的环境，就因为他不一定具备丰富的常识的缘故。而新闻学的书籍也只能帮助一个当新闻记者的人更能明了他自己的地位，指示他工作的方法，若是没有丰富的常识作根柢，也还是没有用的。所以新闻记者必要把丰富的常识作为根柢，方能应付裕如。

三、和蔼的性情——交际活泼：就新闻记者的行动说来，如果不着眼于他的职务是新闻事业，那一定要被称为社会的交际家的。差不多每一个新闻记者，都是一般社会所共知的。有些著名的新闻记者，他的交际的范围非常的广，无论达官，贵人，文学家，实业家，军人，政客，平民，甚至娼妓，流氓，都一样的周旋其间，一视同仁，一律平等，并没有什么阶级观念。新闻记者之必须交际，原不是为了喜欢交际，乃是从交际可以获得各种新闻，而上述的达官，贵人，政客，军人……之流都是重要新闻的来源。新闻记者的交际所以不歧视各阶级者，就因为新闻记者交际的目的是在求得新闻，而新闻本身是没有阶级性的。有许多记者，差不多恃交际以获得新闻为唯一的途径。所以交际的手段，在新闻记者是不能不讲求的。但要交际的手段灵活，就不能不有赖于和蔼的性情。谁曾看见社会上有一个气质粗暴的人，而同时又被称为交际家的呢？每一个交际家都是言语动听，蔼然可亲的——至少从外表上看来这样。新闻记者必须于交际方面有所活动，也就必须要具备和蔼的性情，虽然一个人的性情之粗暴与和蔼，都是天生的，但也可以加以人为的改善，此即所谓"涵养的功夫"。这种功夫，可说是新闻记者必修的功课。

四、冷静的头脑——慎辨事理：新闻记者既很费手续的从各方面获得了新闻之后，将如何的去分析整理呢？这些新闻当然是庞杂异常，有真的，也有假的，有的太夸张了，有的又太晦涩，甚至于有同一的新闻，可以得到两种绝对相反的消息。新闻记者之采访新闻，是不厌求详的，那么对于新闻的采择整理，也当然不能"胸有成竹"的粗率其事。新闻记者逢到这种事的时候，便应当将双方的消息，加以分析，最用冷静的观察，敏捷的手腕，从事采访，要决心得到其事的究竟为止。所谓冷静的观察，敏捷的手腕，决非是空口说话所能应用的，这必须有待于冷静的头脑，慎辨事理的致意，要能冷静的观察，必先要有冷静的头脑；要有敏捷的手腕，必先要能慎辨事理。故当新闻记者的人，不能主观太深，必须要理知比感情强一些，客观比主观的应用有力量一些，才能算是一个健全的新闻记者。否则滥用感情，遇事不择，一定要闹出矛盾和糊涂的事情来的。

五、剪裁的工夫——帮助记忆：我已把新闻记者关于体格的几种条件都述说出来了，如体格要康健，头脑要清楚等；但同时要注意记忆力也要强才对。倘若记忆力弱，便容易发生记述新闻时的错误，或者一稿两见，或者一稿两题，这是常有发生的事情。若是关于政府外交上的事件，那么，虽记忆力极强的人，也难免有遗忘与错乱的。记忆力的强与弱，原是先天的作用，谁也不能把自己的头脑加以改造的。然则新闻记者需要强的记忆力，便没有办法了吗？那也不尽然，这是可以用别种人为的方法来补救的。这是种甚么方法呢？便是于每天详细地读报之后，再加剪裁，分类编纂，黏贴簿上，以备日后的参考。这种剪裁的工夫，的确能帮助记忆，无论甚么事，只要曾在报纸上披露过的，一为检查就得了，一点也不费甚么力。无论那个记忆力极强的人，他的记忆起来的印象，总不能比检查原来的新闻为清楚而详细。虽然目前的中国新闻记者，据我所晓得的，很少有人能天天继续不断的做这种工作的，但这种工夫的确是足以帮助记忆。我很希望那般当新闻记者的同志能够对于这点加以十分的注意。因为这不止是一种便于应用的工作，亦可说是新闻记者自修的功课呢。

六、高尚的德行——人格尊严：人格尊严德性高尚，这原是每一个人的道德的规律，谁也不能把它否认的。我如今这一层也规定为新闻记者的条件之一，似乎太看重了新闻记者，好像非新闻记者不必遵守这种道德似的。如果有人怀这种疑虑，我将明白的告诉他说，这是不对的，一种既为社会所公认的道德，当然是人人应当遵守，而在知识阶级或治人阶级尤其不容一毫忽视，因为凡是知识阶级或治人阶级，他的为人往往为一般人所重视，所景仰，所摹效，倘若他再不守道德，那在下的一般人岂不要起而效尤吗？这种影响是极大的。新闻记者既处于社会之第三者的地位，操舆论褒贬之权，他的一举一动，便都为人所注意，这也是当然的事情。但因为他操了舆论之权，处于社会之喉舌的地位，便不免有人想利用他的时候——军阀官僚想利用以便其卖国营私，外交官吏想利用以便其侵略别国，商人想利用以赚钱发财，盗贼想利用以消灭罪恶；种种的人都想把新闻记者来利用。因为新闻记者以职务的关系，周旋于政治上、社会上不能不与那般想利用他的人接触，于是利用，攻击，牵引，包围，诱惑等等手段，都直接间接的加到新闻记者的身上，新闻记者处于这样险恶的环境之中，往往容易被人利用了去；要如何卓立不堕，公平正直，不为权威所屈，不为金钱所惑，以保全其尊严的人格，那就非有高尚的德性不可了。倘若一个新闻记者而没有高尚的德性，不能保全尊严的人格，被人利用做人傀儡，有的简直想借此而求升官发财的捷径，为权势所歆动，为金钱所诱惑，结果必致颠倒黑白，混淆是非，虽也能蒙蔽于一时，终必至于失掉社会的信仰为止。照此说来，试问新闻记者的品德之当特别注重，还有什么疑义呢？读者们要知道：新闻记者虽处于一种社会的超然地位，但同时也可以认作处于社会的最卑劣的地位——最容易做人傀儡为人利用的地位。社会各界之宴请新闻记者，结欢新闻记者，不知者以为是推崇新闻记者；其实呢，在当时的主人翁对新闻记者推崇的意思固然也有一点儿，但总免不了多少带着一点利用的存心。至于新闻记者之受利用不受利用，那就要看他有没有高尚的德性，能不能保全尊敬的人格，和是不是为这一餐之恩而便被人利用于不知觉了。

除了上述的六种条件以外，还有一层我觉得应当要补述的：便是一个新闻记者至少要懂得二种以上的外国语，因为这不特可以辅助采访新闻，而且可以观察外国人对于某件事情的意见。至于规定那二种外国语，这可就很难说了。照我的意思，应当以地域为标准，譬如在上海，英国人、日本人在各国侨沪的外人中比较多些，那英日二国语就须要懂得了。而在别个地方，如法国人和德国人有些势力，那法文和德文便是新闻记者所必需知道的。虽然现在有许多新闻记者他们未必全懂得外国语，但我的意思总以懂得一二种的外国语为更方便于新闻记者的职务。这一层，我想凡是新闻记者都当首肯的罢？

四、外勤记者与访员

在本书的第一节里，我已略略的把各种新闻记者的区别述说一个大概。但也仅只一个大概而已，为求读者的明了起见，应得再把他们的职务较详细地叙述一下，这就是本书的唯一的目的了。

这里我们请先来叙述外勤记者与访员的区别。

所谓外勤记者，意思就是专司采访新闻之职的记者。不一定限于采访报馆所在地的新闻——即本地新闻，凡各大都会的特约通讯员，拍电员，各县市的地方通讯员，及战地（或其他临时事件）的新闻特派员，都可以称作外勤记者。不过对于本地的新闻，比较的注意一些，又因为一报馆总要求表现一报馆的特色，总要求新闻的真确与敏捷，以谋与同业间营业上竞争的胜利，所以于采访本地新闻的外勤记者，一报馆最少也得请上几位，如北京的几个著名的报馆则社长或经理，自己往往兼充采访新闻的记者，遇有珍贵而为外界不易探知的消息，便记载下来。此外北京的社会新闻，则又往往是征求来的，新闻稿的采用不是以人为限，这种应征的新闻记者，可说是临时的，除应得报馆给与的每则新闻的报酬以外，不受其他一切的拘束。

至于上海的报馆，则向来只知道剪裁外埠的报纸，或新闻社同性质的新闻的供给，除了外埠的特约通讯员之外，更无所谓外勤记者。所以如果你细心的把各种报纸比较着看，往往使你惊异地发觉他们大同小异，有时竟至完全相同！本埠的新闻，采用新闻社和访员的，外埠的新闻，剪裁外埠的报纸，这几乎是各报馆所一成不变的新闻编辑法！这种办法当然是不能取训的。近年来，上海的各报馆，如《申报》《新闻报》和《时事新报》等，都添设新闻采访部，聘用外勤记者数位，专司采访本地新闻之职，有必要时，也常派往外埠去采访特种新闻，但这也只是几家有钱的报馆能如是而已，几家穷的报馆常连茶役的薪水都发不出，那还有钱聘请外勤记者呢！所以上海有几家报馆，仍旧以新闻社和访员供给的新闻为唯一的新闻来源，欲求如别家报馆之敏捷的记载，那简直可说是望尘莫及了。

论理，一报馆新闻的来源，除了新闻社和访员之外，全赖外勤记者充分的供给，那么，外勤记者在报馆里，其地位似应超出于其他各社员以上，比评论记者和内勤记者尤为重要。则待遇问题，也应当比较的优越才对，方能使从事外勤记者的人，可以无室家生活之累，为新闻事业而牺牲一切，但是按诸实际，各报馆的对待外勤记者，不但没有优越的供应丰厚的报酬，甚且视其职务的地位，为隶属于某一部编辑之下的役使者，犹如军队里的副官一样，视为无足轻重。因为这种不平的待遇，所以有许多的新闻记者，不能为一种事业牺牲而求其发展，当他的职务为生活所压迫而工作的一只渡船。奔走所得，总不够一家的开支，于是有的忘却他本身的尊严，"社会之公人"的地位，而从事奔走于失意政客下野军阀之门，甘为其暂时的利用，不恤阿谀恭维，为他日升官的预备；有的则别谋一种兼职生活，如学校的教师，商店的广告员，书局的编辑员等等，这不但是外勤记者如此，凡是新闻记者，几乎无不是为了生活的压迫而不得不别谋营生的。中国新闻记者的生活既如此其不安定，那么，欲求中国新闻事业之发达，那还有丝毫可能性呢！

外勤记者与访员，实在是性质相同的，外勤记者也可名之曰访事员；不过在上海，外勤记者与访员，的确有很大的区别，他们所处的地位与工作，可说是绝不相同。外勤记者是受雇于一报馆或一新闻社，而尽力所及去采访各种的新闻，新闻所从发生的区域和机关，是没有限定的，新闻的性质也是非常庞杂，不能规定的；而访员则不然，访员是占据了一个机关或一区地域．在这一机关（例如租界的临时法院）和一区域（例如闸北或南市）内，一日间所发生的新闻，全由该访员自行记述，分抄若干份，送给各报馆，而取得各报馆的稿费。在供给新闻于各报馆的一点上，有如新闻社，但这是个人的，没有新闻社那般组织罢了。其所记述的新闻，则大都属于火警盗贼奸拐等事，而记述的方法，又刻板不移，文词似通非通，事实囫囵吞枣，不求甚解，更谈不到记载的详尽确实，而报馆的编辑者又往往因为足不出户的关系，对于社会上一切鬼魅魍魉的黑幕，世态人情的变化，茫然不知，所以在访员们所供给的新闻里，最多只略略地加以审阅或修饰，甚至一字不易地便编入各版的新闻内。于是时常在报端发现不情不实的新闻，似是而非的新闻，欺骗大多数的读者。在混过一时间之后，社会上多数的读者，对此种颠倒错乱的新闻，渐感不信任，遂不得不于未读报纸之前，先在心里存了一种成见，就是读某种新闻，要用某种方法，而后始不受报纸的欺骗。这将使报纸的信用丧失到何种程度啊！这种恶化的现象，其造成的原因，当然不能完全归罪于访员之不忠实；报馆的经理与主笔，也得要同负相当的责任。譬如报馆之受一党一系的津贴，报馆的经理与主笔，与某方政局发生了关系，则这家报纸之带有色彩的为某方宣传，自然是不能免的事。所以有时候可以发现同一新闻，在两家报纸上披露，竟会绝端相反的。除了社会新闻及一般无关重要的新闻外，什么政治新闻，什么军事新闻，在这种有色彩的报纸上披露的，简直可说是绝对靠不住。这怎么不要使读者们对于报纸的信仰丧失尽净呢！至于报馆里的新闻记者，所以肯刊载这些不尽不实有时甚或适与事实相反的新闻，那完全因为生活关系，既受雇于报馆，当然不能不听命于经理或主笔，间接的便为一党一系的喉舌。处于这种地位的新闻记者，只可以算做为资本家服役的苦工，早就失却为"社会之公人"的尊严的人格了！这真是一件可以深致慨叹的事情！

外勤记者所采访的新闻，其性质我大致已说过，兹不赘述，访员所供给的新闻，不特为机关和地域所限，而且枯燥乏味，是非不明，且有常以披露新闻为要挟而诈欺取财者。在二三年以前，上海的各大报的内勤记者——即编辑者，信任这些访员的来稿，比什么都强，凡是访员每天所供给的新闻，大都是照样——一字不易地刊登。于是访员的气焰愈炽，贿赂公行。在某一区域内发生了某种罪恶的事,只要该区域内的访员肯纳贿,其新闻,就永不会发现于报纸上了。譬如上海的北市有许多流氓开设一个花会,诱人赌博,只要每天送多少钱给该区域内的访员,那访员就不将这新闻报告报馆,报馆里就没有方法可以晓得,报纸上就永远不会披露,官厅也无从得知而加以侦缉,那做花会赌博的主人也就明目张胆,可以行所无事了!又譬如在租界临时法院或华界法庭上打了官司,只要当事人肯化钱与该机关内的访员,访员就在许多盗贼奸拐钱债的讼案里抽去你一件讼案,那么第二天的报纸上就不会有你的大名在某一件讼案之内了。访员之得在上海盘踞一地域与一机关而包办新闻,这差不多已是上海自有新闻纸以来之积习,什么人都不能把这种恶势力打倒。其纳贿之标准,听说花会是每天“吃封禄”(即每天拿多少钱)的,讼案是以案情的大小论,每家报馆几元(譬如有十家报馆每家报馆五元,则即须送五十元于该访员,即可将新闻不送各报登载)。这样的卖买,也已做了许多年,已成为公开的秘密了。

最近上海各报馆编辑新闻的方法,都已革新了,对于访员的来稿,已不十分重视,将来这种陋习也许竟能铲除也未可知。这对于我国的新闻界——至少是对于上海的新闻界,我觉到实是一个必要的希望。

五、外勤记者的采访新闻

采访新闻，是外勤记者应做的工作。这是无庸解释的。但新闻出在什么地方呢？怎么样才算是新闻呢？初次当新闻记者的人，往往感到这种困难的问题无从措手。

"狗咬人不是新闻，人咬狗才是新闻"，这虽是一句老生常谈，但却能说出新闻的真确的意义。我曾把这句话改变为："新闻寻人，不是好记者；人寻新闻，才是好记者。"这是说的新闻记者，不是指"新闻"而说。这二层：什么样子算是新闻，如何去找寻新闻，是两个问题能够解答，则采访新闻，自然不会感到困难了。

我们要晓得：新闻并不是一件固定的物品，虽没有如金苗钻石的不易发见，但也不是像瓦砾野草，俯采即是。新闻是有时间性的，是流动质的。一失时效，新闻便变成旧闻，没有披露的价值了。所以采访新闻，最要注意它的时间性。

其次应当注意的，是叙述的精细。譬如某日某时某处开什么大会，名人的演说，会场的布置，到会的团体，这些固然都是新闻的材料，但群众心理的描写更属重要，使喜怒哀乐，都留于纸上，第二天报纸出版，得以引起几十万读者的慷慨激昂的情绪，宛如身历其境，这种精细的描写的手腕，不是庸俗的人所能办到的，必须是出于学有涵养的人的手笔。

但这种团体的开会，机关的集议等等新闻，都是公开的，不足为奇，犹如我前面所说的新闻寻人。刚做记者的人，这是一个很好的新闻采访的所在，但在一般能力优胜的记者，却不以团体的新闻为可贵，他们常用各种方法去采访重要而又为人们所不知的秘闻，又能使不失它的时间性，这便是我说的人寻新闻，是好记者的身手。

新闻记者采访的新闻有两种：一为未来的，二为过去的。

未来的事，并非指天文家的预言，是说一件重大的事故，在还没有发生以前，已预见端倪，因而欲采访其事的是否必须发生，和倘若发生则预测其日期等。譬如甲方将与乙方开战，虽还没有接触，但空气已经非常紧张了，一般人都感觉到开战就在目前，这时无论甲方或是乙方的重要官吏的行动，都是非常重要的，新闻记者往往十分的重视，不肯轻易放过，而且复从事于间接直接的访问，以期得到所欲知的新闻。

这时所须要的是想象的推定和临场的机警。

本来以想象的推定为根据而从事于采访新闻，不免犯了胸有成竹的毛病，照例是不很适宜的。但是当一件重大的秘密的事故将发生之前，当局者无论如何决不肯质直的向新闻记者作负责的报告，那么新闻记者就有时候不能不用想当然的方法来推定了。不过在想象的推定以前，必须加以精密的观察，详细的调查，总期所想象的与事实的距离不相差过远，然后作疑似之词，留待续证。这是最安全的方法。否则一味的胡猜，有似幼童射谜，信口乱道，有失新闻的价值，是不应当的。

一件事情的将要发生，其变化真是瞬息万象，新闻记者欲采访这种新闻，须全仗临场的机警随机应变，迅速决定活动的方针，不能彷徨莫定，也不可墨守成规。因采访某事而得访问其事的主人翁，固属万全；但有时因其事关系重大，主人翁决不肯随便表示其态度。那时新闻记者便不能不为多方面的采访，以明其事的远因，近状，旁敲侧击，烘云托月，全在自己的机警，若只知向一个主人翁进行，而不知从旁探问，倘主人翁不见，或不肯表示意见，岂不是将无从探得新闻了吗？

所谓过去的事，也不是说旧事重提。乃是指刚才发生的事而论，新闻记者为要迅速地将其事的真相报告于几千百万的读者之前，愈速愈妙，愈详愈贵，晚报的记者想将其事的真相披露于当天的晚报上，日报的记者更要将其事的详细经过的真相刊登于次日出版的晨报上，晚报记者因急于出版之故虽不能如日报记者的有充分的时间，可以从容的记述，但其所扼的要旨和采访的方法，大致是相同的。

但怎样才能把新闻采访得到呢？明知道某处发生新闻了。若贸然前去，一点也没有准备，仍还是不得要领的，所以在采访之前，每个新闻记者都要能办到两种先决条件：一是平日的涵养；二是临时的工具。

平日的涵养是——

一、能操土语、国语及外国语（英语或日语）。

二、明了各该地方的风土习惯和道路交通。

三、认识各阶级的要人，和火车，轮船，旅邸，菜馆的职员。

四、有冒险的精神，灵敏的口才，胆欲大而心欲细。

这种平日的涵养，是每个当新闻记者的必备的条件，不是临时可以学习得到的。临时应备的工具，因工作的互异，亦各不相同，但亦决非如外界所传的剪刀浆糊红墨水那样的简单。照我们的经验，至少应备有下列各种用品：一、自来墨水笔或活动铅笔；二、日记簿并须记录各阶级要人的姓名，字号，住址，电话，办公或会客的时间，及其汽车的号码；三、摄影机。

把这些都准备好了，便可以着手去采访新闻。但这也分两种方法，为新闻记者所不可不知的：一、是因人访问；二、是因事访问。

一、因人访问——刚发生的新闻，当新闻记者得到最先的报告之时，某事已成为过去的了。过去的事，新闻记者既未在场亲历目睹，则欲知其事之如何发生及其经过，现状及其善后，新闻记者于是乎不得不着手采访。以明其真相，探其究竟。因人访问云者，譬如说认定了某人为某一事件的主人翁，如一机关的主任、一商店的经理、一团体的会长等等，设法访问，以求其事的经过的真相。还有一种访问，为其人与其事无甚关系，如遇有重要问题、或特别事故发生，特访问一时局要人或专门学者，征求其对于某一问题某一事故之其个人的观察与意见，披露报上，为读者的参考。譬如为上海租界华董问题，与唐少川先生的谈话，为裁厘加税关税自主问题，与马寅初先生的谈话等都是。

新闻记者因人访问，应注意下列数项。

1. 对方的研究——访问之前，必须研究对方之为何如人。若对方为政治家，则其出身，经历，党籍，及其在党内之地位，与当局要人的关系。对方为实业家，则其所经营之主要事业，及其事业之成功，失败，与实业界有力者的关系，在实业界的地位，有无新兴的计划。若对方为新来的外国人，则其来我国的使命，更须加一番研究。如不了解对方为何许人，漫然会见，不唯谈话难得要领，且易为对方所轻视。既知对方的为人，在访问的时候，务先与以好感，则自能得满足的谈话。也有一种素性不喜接见新闻记者的人，对于此种人，则必择其所好之题目作引子，然后徐徐入于本题，也就不难得良好的结果了。

2. 质问时的注意——新闻记者须具临机应变之才，于行访问时，尤为需要，然必须先将质问之条项，加以准备，方能免临时失措之虞。世有一言见询即滔滔不休者，如遇此等人，则新闻记者诚无所劳，但其人恣意放谈的结果，往往溢出题外，而于本问题，反不得何等要领，所谈的话，更不知从何处记起，故对于此等人，不可不预定质问的方针。反之，若对方为沉默寡言的人，不论如何发问，一二语外，漫无所答；则更须豫定问答的程序。

无经验的新闻记者，常问人家"有什么新闻吗"？这实是不智的话。盖成否新闻，可由自己的观察而定，不应问及常人，常人所谓好新闻者，以新闻记者眼光视之，多无何等价值，而于常人绝不注意之中，往往能寻出极好的新闻来，此语为初做新闻记者的人易犯的毛病。

又于质问的时候，须竭力避免"直接质问"的语句。所谓直接质问的语句，便是被质问者可以用"是"或"否"一语回答的话。譬如去访问一个某重要人物，问他说："听说阁下将于某日赴某处，有这话吗"？被质问者往往答以"是"或"否"，此种答语，于不喜与新闻记者会面的人，多借此以塞责。而往访的记者每易不得要领。故质问的语句应改为间接质问，如"足下什么时候出发呢"？则被质问者势不能不答以确定的答复了。若恐对手万一不答时日，则可发推测的质问，不强求其答，但求其确认，可用"眼看某月某日阁下就要出发了"的口气，自会奏效。此不过略举一例。随机应变，当在新闻记者的神而明之。

3. 谈话外的材料——访问之目的，固在记取对方的谈话，而谈话以外，尚有许多好材料。例如：对手的居处，服装，容貌，态度，以及其左右的伴侣，会晤时的景趣话，都可以拿来作为记事的点缀。

4. 对方的态度——谈话中应向对手表充分之敬

意,自不待言。然尤当注意观察对手方的态度和颜容。其效能:一、可借表敬意;二、可使对手知我喜聆其言,自发快谈于不觉;三、可察其言之是否出自肺腑。如不善察对手之态度与颜容,则将无由形容之,即令写出,也必失真相了。

5. 意外之线索——与人谈话中,凡偶获意外的线索时,应注意:一、不可深问,盖恐对手随口话出之后,忽尔反悔,不复续说,甚或取消其说,或嘱记者勿为宣布。二、不可急遽告别。如以良材入手后欣喜之余,恨不能立时返社,匆匆告别,则亦有被对手察觉之虑。故务守沉着态度,徐徐为二三闲话,然后归去,方为上策。

6. 载否之预约——如对手方发出"此事不可登载"或"此不过语君耳"等话,则宜力为谢绝,盖往访问之目的,本在获得新闻材料也。倘一旦与对手方约定暂守秘密,就道德言之,亦不宜为之披露,务始终守其秘密。此不特有关于个人的人格,即于全体新闻记者的信用,亦是很有关系的。

7. 权作我之良友——对于对手,当存一长相交的观念。羁旅一晤,后会有期,何况"人生何处不相逢";所以新闻记者认识一人之后,其人无论为何阶级者,应存一"我所认识的朋友"的观念,既可备他日再有事故发生时的访问,又可于新闻采访外占不少的便宜。

上列七项,都是因人访问所当注意的事项。

二、因事访问——因事访问的方法，大致与上述相同；但是因事访问，在人的访问以外，或无人可访之时，那么新闻记者便应自觅线索，兼施用侦探家惯用的手段，或查验出事的地点，或探访其邻居戚友，虽间接复间接，亦必须得到其事的大体而后已；大体既得，乃再访之于医院的医生或公安局的警士等等，必须用多方面的方法。集多方面的材料，汇合而参考之。又因事访问重事实而不重意见，与因人访问的只探询其人的意见不同。采访的范围既属多方面的，那么难免采访得相反的报告，新闻记者于此，便当运用精密的观察，慎别取舍。譬如有一个人被杀，凶手已逃走，新闻记者采访新闻时，既不能与死者作最后的谈话，又不能向凶手问其所以杀人的原因，自然非采询于被杀者及凶手以外的人不可。但是凶手以外的人，对于杀者的感情，各有不同，于是批评互异，意见纷歧，新闻记者当在此各方探询之时，最要注意者为求事实，不重意见，有时候简直可以放弃各个人所发表的意见而但求其被杀的时间、地点情形善后，被杀者的身世职业，平日的行为等等；对于被杀的原因，既发见相反的论调时，即略而不记，亦无不可。此为因事访问的主要之点。

采访新闻，本来不是有一定的成法的，如何便利，如何能得到要领，这些都在新闻记者运用自己的技能。这里不过略举一二成法，神而明之，要在新闻记者自己的领会。

六 内勤记者的分工

把外勤记者的职务讲完了，如今该来讲内勤记者了。所谓内勤记者的意思，便是在报馆里编辑新闻之谓，与外勤记者之终日在外面奔走探访新闻者不同。内勤记者在报馆里是重要的一部分，邵飘萍先生曾称他为报馆的司令部。我国的报纸虽然规模大小不同，但对于编辑部的组织——内勤记者工作的分配却也无多差别，大约分做：1. 主笔（多兼作评论者），2. 总编辑，3. 电报编辑，4. 外省新闻编辑，5. 地方新闻编辑，6. 本地新闻编辑，7. 社会新闻编辑，8. 教育新闻编辑，9. 文艺编辑，10. 游艺编辑，11. 商业经济编辑等等。此外，还有直接隶属于某一部分的专门记者，完全听命于编辑者的指挥和派遣，如教育新闻记者，商业新闻记者，游艺新闻记者，社会新闻记者等都是。但此已属于外勤记者范围，兹不赘论。

属于编辑部之下，还有一种专门技术的职员，通常亦有称之为记者，实则其工作完全与新闻记者不同，如外国报纸的翻译员，电报的翻译员，时事讽刺画的绘画者等。

今且分述各部分的工作区别如下：

　　评论记者——是主持一个报馆对外发表其第三者地位所下的批评者，亦即是社会舆论的建设者，其责任綦重，一言的出入，不仅于报馆的本身有安危的关系，即对于国际，政府，社会，亦均有莫大的影响；所以一张报纸的评论，就是一家报馆的灵魂。这做评论的记者，都是专门的学者，其地位在报馆的编辑部里为最高级，尊之曰"主笔"，通常称为评论记者，其俸给亦最优。中国现在最受读者所欢迎的评论记者，全国没有几人，如北京《益世报》的颜旨微，天津《大公报》的张一苇，《上海商报》陈畏垒，《时事新报》的潘公弼，一篇评论往往辗转译述，遍传世界，认为中国舆论的代表，其权威之高，效力之大，可想见了。此外多数守旧的报纸好作模棱两可囫囵吞枣之谈，在作者自以为语不露骨，深得文章的窍诀，而在读者，则胥不重视，简直不当他是舆论看待。这种评论之所以尚能存在，完全因为我国向来是不准言论自由的缘故，一言之微，如或触怒某方，必遭拘戮，如黄远生、邵飘萍、林白水之死，成舍我之险遭不测等是。所以论者不敢显语，流为我国报纸之怪现象（自前清以迄于国民党统治下，初无二致）。

　　总编辑——对报馆内最重要最负责的主持人员为总编辑。总编辑的职务在审查检阅各方面的新闻来源及其性质，如发现有危害国家社会安宁的新闻，或疑似不甚可靠的新闻时，总编辑就有全权随时改正或舍弃之，并评量全部新闻的轻重缓急而规定其排列先后的次序，摘录全部新闻的提要，刊诸报端，使读者于展报时就一目了然，通常多混主笔与总编辑为一职，其实是错误的。

电报编辑——外国新闻多用电报传达，故无论那一部分的编辑，都可以称之为电报编辑；中国因交通不便，及报纸的经济不富裕之故，非有重大事故，非在重要都会，都不用电报以传递新闻，故中国的报纸，电报仅占其一小部分。二三年以前，上海最大的报馆如《申报》《新闻报》等，对于电报的编列，都不分类别，也不辨其性质的轻重，只是刻板般地将北京来的电报列为第一，广州或天津来的电报列在第二第三，从别处较不重要的地方或外国来的电报列在最末。自从《上海商报》出世，电报的编辑法，始引起社会人士的注意，不但辨别电报的性质，分别轻重，排别先后，而且归纳若干相同的电报在一处，另加一行足以引人注意的标题及摘要，读者称便。自此以后，各报相继仿行，到现在差不多国内报纸对于专电，无不分类编辑，加以标题及摘要了。

外省新闻编辑——各报馆为求新闻的真确迅速的特色起见，于国内外各大都会商埠，都聘有特约通讯员，担任各该地方新闻，用快信寄递其所采访所得的新闻，通讯员所作的新闻，与本地所采访的新闻，其编制微有不同。通讯员所做的通信，大都是有系统的，每一次通讯，对于某一件新闻的发生和经过，必有详细的叙述，若有时非一次通讯所能概括，则视其新闻的重要，而分若干次的记述方告一段落。不比采访本地新闻时只记个大概便算尽事了。外省通讯员不仅须为各该地的土著，而且对于军政学商各界，均须熟悉，其所作的通信，于叙述事实之外，且须修饰词藻，使本来记述新闻之文字异常干燥者，一变而为流利生动之记叙文，足以引起读者之美感。编辑此类新闻者，称之为外省新闻编辑，或亦称紧要新闻编辑。但此类新闻，非全由通讯员记述，亦间由各该地之报纸剪裁而来者。下列之地方新闻亦然。

地方新闻编辑——地方新闻系指省内或邻省各县市所发生的新闻而言。各报馆对于各县市常约定一人做各该县市新闻报告的职务，每日或间日作一小简由邮递寄来，这类琐屑的新闻虽不会受人特别的注意，但是因数十百万的读者中，总有不少人注意其各本乡的事务者，所以各报馆对于这一类的新闻，也就特设一个编辑专司其事。

本地新闻编辑——凡一张报纸欲求销路广大，必求刊登新闻之迅速翔实，而于本地新闻尤须注意。能先取得本地读者的信仰，然后方能慢慢的推广到外埠去；未有一张报纸能于外埠畅销，而反不能接受本地读者的欢迎者。所以本地新闻，在报纸的全部，常占有极大的面积，以容多量的新闻，本地新闻的编辑，因欲求新闻的真确与迅速，常指派外勤记者随时采访其所欲的新闻，或临时去访问某要人某学者等。本地新闻的编辑者，最好是一个活动而又善于交际的人，常与各阶级间的人物相周旋，熟习了就地的风土人情，明瞭了就地各阶级的动作的内幕，就不容易受外界的欺骗，为土豪劣绅会棍流氓所利用了。我们要晓得社会上尽有许多吃饱了白米饭没有事做的人，他们以制造新闻为业，蒙混社会，借此赚钱，编辑者一不谨慎，便要受他们的欺骗，供他们的利用，这种情形，在上海尤其层出不穷，我们不必明指出某人来，我们可以晓得，上海有多少劣绅和会棍，他们之所以成名，就完全是从报纸的本地新闻上所吹捧出来的；有多少团体机关，是利用了报纸的本地新闻而欺骗诈财的。上海一隅是如此，其他各地怕也不见得不是如此吧？倘若我们的本地新闻的编辑者他不是一个熟习社会上的内幕者，那么，他岂不是他将为一般劣绅土豪所利用造机会了吗？所以充当本地新闻的编辑者，他决不能仅是一个老成持重者，或有新闻专门学识者，他还须是一个熟悉社会一切情形的人，方不致于为人利用。上海有几家报馆的本地新闻编辑者，他们虽有的是老成持重，有的是具有新闻专门学识，但他们于社会情形不甚熟悉，就不免有为土豪劣绅会棍流氓造机会之嫌了。

社会新闻编辑——所谓社会新闻者，是专记盗贼奸拐婚姻以及家庭等等琐事，以示别于国际政治新闻而言。社会新闻名称是否确当，固尚有讨论的余地，但这名词差不多已为一般人所惯用，且别无相当替代的名词，故此处仍称之为"社会新闻"。我国报纸之注重社会新闻者，以北京的《社会日报》为首创，其后北京各报相继仿行，其新闻的来源，得诸侦缉队公安局者有之，得诸临时新闻记者（详外勤记者与访员节）的投稿者亦有之。如奸拐盗窃杀人自杀恋爱离婚等事，凡从前为报馆编辑所不注意者，亦即所谓访员所供给的死的刻板的琐闻，现在都用小说记事的方法，原原本本，详为记述委婉曲折，几与短篇的侦探或恋爱小说无异，为一般读者所欢迎。上海首先注重这类新闻者为《时报》，现在则各大报均辟专栏刊载，而《时事新报》尤为偏重，较之北京各报，可说是"青出于蓝"了。

文艺编辑与游艺编辑——为调和读者的口味起见，各报纸都于最后一版，附刊文艺作品或游艺新闻与批评，上海的《申报》《时报》等在二十年前即已聘有文艺作家担任这项工作。至设立专栏，实始于《申报》的"自由谈"，刊载通俗小说笔记等有趣味的文字。近年来《申报》又新辟"本埠增刊"一栏，刊载上海各商店有广告作用的新闻，及各种游艺新闻，"艺术界"一栏则专刊批评书报音乐等文字，自新文化运动后，上海《民国日报》增添副刊一张，名"觉悟"，《时事新报》的副刊名"学灯"，专载学术思想的介绍和批评，与新文艺的翻译和创作，为一般新学界所欢迎；均印单张，可以合订。唯现在"觉悟"与"学灯"二栏虽犹存在，已无生气，迥非往日之有左右学术界的势力了。北京如《晨报》《京报》及

《世界日报》等副刊，亦曾哄动过一时，自革命军兴，北京为军阀控制，钳制舆论，无所不用其极，加以素来麕集在北京许多文人，都纷纷南下，于是停刊的停刊，消灭的消灭。按副刊如编辑得法，辅助报纸的销行之力甚大，因容易受一般青年学子所欢迎，往往为了副刊而订阅一份报纸，这事情是很多的。

教育新闻编辑——教育新闻报最先注重者，为上海的《时报》，在五四运动前，《时报》在教育界的势力是非常之大的。自新文化运动后，上海的《时事新报》，北京的《晨报》，便代之而兴；但《时报》对于教育的新闻，仍旧是注重的。现在上海的《申报》《新闻报》都辟有教育新闻专栏，延请专门记者司理编辑，除学校教育之外，兼载体育界的消息，如足球、篮球、乒乓球的比赛等，亦为留心运动的读者们所欢迎。

此外各大报的专刊，如《上海商报》的商业金融，《申报》的汽车周刊，《时报》的图画二日刊，北京《世界日报》的图画周刊等等，或临时增刊，或永久增刊，有设专员办理，或并属某一部分办理，则以各报的经济能力为标准，不能一概而论。

七、新闻记者之养成与待遇

　　新闻事业在中国的发达，不过是近十年来的事，然而国内交通阻塞，实业不兴，内地民智未开，少见多怪，老大的中国，一点没有振作的气象。这原因虽因为政局不安，内战迭兴，而且互有因果关系。但欲励精图治的以建设新中国，却至少非先提倡新闻事业不可。因为新闻事业是各项事业的先进，负有启发指导社会的责任。如何便利交通，如何振兴实业，如何灌输知识于民众，一切应兴应革之事，都得要新闻纸来负起提倡的责任。

　　新闻事业既负起了这样重大的责任，自然不能把这责任弃置不顾，自然应得努力的干才对。但事业的本身他是不会干的，所以这责任还是负在从事新闻事业的人身上。所谓从事新闻事业的人，虽包括一切报馆经理新闻社长而言，但最重要的最直接的还得要数新闻记者了。

　　在今日的中国，新闻事业虽已比较从前是略见发达些，但新闻人才之缺乏，则亦无可讳言。一般报馆和通讯社所雇用的新闻记者，大都不能认识自己的地位与人格，言论行动，亦多有可以非议之处，而且缺少新闻学的知识，只知因陋就简，不能出奇制新，遇有国际间的纠纷发生，则又昧于世界大势，不知所措，眼光短浅，无从论断。这些缺点，几乎成为各个新闻记者所共同的了。又对下则自视太高，对有权势的人则又自卑太甚，丧失自己的人格，堕落自己的地位，这些都是不良的现象。

我已说过，新闻记者们都负有极重大的责任，无论建设新中国，启导旧社会，这种重大的责任，决不是一般缺德的新闻记者所能胜任的，同时也决不是一个良好新闻记者所能胜任的。这须得要许许多多的良好的新闻记者，都能够尽力负起责任来，建设新中国和启导旧社会，才有希望。否则将弄成一团糟，不但没有希望，而且反足以生阻碍呢！

建设新中国和启导旧社会已成为今日当务之急，所需新闻事业之提倡与开导当然也是非常紧要的。而新闻事业既得需要良好的人才，试问将从那里产生这些人才呢？人才不是天生成的，那怕是天才，也得要受学问的涵养。所以欲求良好的新闻记者，还得要从如何养成的方法着手。

这自然脱离不了教育的范围。这便是说要养成良好的新闻人才，须要在学校中有充分的新闻学的教养。在中学部，可以列入一些普通的新闻知识，让一般学生们都得有研习新闻常识的机会。若有志研习新闻事业的人，则在大学校中可增设新闻专门科，使他们得深造一切。从这里毕业出来，再去从事新闻事业，则学问常识，当然尽足已够，再加以人格的修新养，自然能成为一个良好的新闻记者。

每个新闻记者都能奉公守职，都有学问的涵养和人格的矜持。则中国新闻事业之发达，将指日可待，而建设新中国启导旧社会等，也不是完全没有希望的了。

新闻记者既然负起了重大的责任，为社会为国家尽着监督指导的义务，居于"超社会的"地位，则被人推崇为人敬爱，自是应当的事情。同时，我们以为，在物质上，新闻记者也应得有较优的待遇。因为这种为公的事业，又须冒险耐苦，是应给以丰厚的代价，使从事这种事业的人，生活安定，不致每天计算着柴米油盐，才能安心任事，将这作为终生的事业，然后对于事业才有所贡献，有所发展。

我国今日的许多新闻记者，多不能克尽厥职，有许多缺点，像我在前边所说的那样，固然多半是由于学养的不足；但所得的薪给太少，不能维持新生活，也是一个很大的原因。报馆经理的轻视新闻记者，尤其是外勤记者，薪给的低微，待遇的不善，这些都是普遍的现象。当新闻记者的人入不敷出，可又不能不维持日常必需的生活，于是不得不低头仰上级职员的鼻息，唯以阿谀为事；有的不免借了新闻记者的神圣的招牌，意外另谋生活的道路，不能自保其尊严的人格与高尚的德性。这些不良的现象，我们是不能完全责怪新闻记者本身的。

要新闻记者安心的奉公守职，便不能不优遇新闻记者，使无生活之忧。这个待遇的问题，可以说与学养的问题有同等的重要，我国的新闻事业正在发展的进行中，报馆的经理先生如果不故步自封，便不能仅视新闻记者为自己雇用的属员，可以任意呼唤；对于待遇的问题，是应得要格外注意的。

关于这问题，屈死于军阀之手的名记者邵飘萍先生曾有很透彻议论，邵先生的性格是异常倔强的，但却能保持自己的人格，不摇尾乞怜于人，因此便遭了小人的毒手。文中极言新闻记者保守人格的重要，因为节录于下，聊以纪念邵先生：

记者人才之养成，为新闻纸改良之根本问题，此无论何人所不能否认者。但人才养成而后，又何以保障此种人才之生活地位与人格乎？故记者优遇之方法，乃一极重要之问题也。今当新闻业亦资本主义漩涡中之时代，记者乃一精神劳动之劳工，而资本主义之压迫，使其生活时时动摇，使其人格时时被夺，殆各国所胥不能免之事实。我国今之营新闻业者，对于记者地位之观念，尤有轻视冷酷之习性，其结果倔强者悉遭摈斥，蒙宠遇者乃半属先意承志乞怜摇尾之徒，是人格既先破产，尚安能保其社会公人与第三者地位之资格？各国新闻记者团有鉴于此，乃有种种团体之组织，专以互助之方法，保障生活地位人格之安全。此层我国亦决不可少。而新闻记者之所以能团结一致，又与人才问题有关系，盖必先自认识其地位人格，乃方有使资本主认识其地位人格之余地也。关于此类团体组织之方法？英美各国已不少其范，其精神与普通劳动团体所主张，有一部份相似，唯新闻记者所当注意之点饰不仅在生活（实则劳动者地位改善之要求，最后亦系人格问题，而生活不过其手段也）。何以能达人格完全之目的，自以生活安全为第一必要条件，故关于此事，手段与目的易有误认之处，不可不知也。记者地位之保障问题，有以下各项：

（一）保有职务上精神之自由，不能视为机械的，或如其他被雇之使用人员。

（二）非有自身不尽职或道德上之缺陷，不得任感情爱恶借口撤换之。而如年限契约等，亦宜有一定之办法。

（三）失业记者之介绍救济，定少年记者 Junior Pro of essional 老年记者 Scnior Pro of essional 等每周给费之最低额。

（四）调查关于新闻业之法规惯例，为欲达新闻记者行使职务之圆满，努力于立法之修正改良。

（五）设置新闻记者公共之图书馆及集会建筑物等。

（六）准据国民保险条例，营新闻记者之储蓄保险事业。

（七）依一切适法手段，以图新闻记者地位之增高与意志之团结。

故如英国者：在一八六四年以来，已有许多关于新闻纸之财团及新闻记者协会等，一八九〇年，皆得女皇维多利亚之敕许。所谓新闻纸财团者，The Newspaper Press Fund 财产总额有十万镑以上，其处理一切皆付之秘密；凡社员及与新闻业有关系之遗族，可以请求救济，此外如新闻记者协会

The Institute of Journalists, 国民新闻记者同盟 The Natioual Union of Jouralists 等，皆为保障新闻记者之生活地位人格之有力的团体也。

新闻记者地位人格之保障，即所以防资本主之专横，故表面似仅为精神劳动者方面设想，实则与新闻业全体有莫大效益，此尤资本主所当彻底觉悟者耳。

邵先生在这里力言新闻记者有团结，并且说这团结不仅足以保障新闻记者本身的生活地位人格，且能促进新闻事业的发展，极能说出团结的真义。近年来，我国各地也都有新闻记者的组合了，这是一个好现象。关于我国新闻记者团体组织的历史，我当于下一章内加以详细的叙述。

八、中国新闻记者的组合

因为办报的大人先生们，从来不尊重新闻记者的地位，和其独立的人格，所以从事于新闻事业的各记者，也都忘掉了他自身的尊严与所负的使命，像驯羊般的为一报馆（或通讯社）的一雇佣者，终日碌碌替报馆的经理董事们作机械式的牛马，以换取其应得的最微薄的报酬。

新闻记者在报馆里，既变为一个与其他的雇员相同的一个雇佣者了，自然他除掉了奉特种的使命代表整个的机关外，只可以其个人——不以新闻记者——的资格而为其他的活动。这种活动，且时常要报馆的主任者无形的监督，换一句话说，就是防备他以新闻记者的地位与资格而活动。这种无形的防备，在新闻记者本身不能继持其尊严的人格和高尚的德性时，却还可以说；但是这究竟是报馆里的大人先生们不尊重新闻记者的人格的一种表示呀！

新闻记者既然不能够为自身——新闻记者的地位——而

活动，所以新闻记者除保持其已取得的新闻记者的饭碗以外，就没有单独活动的可言；更说不到什么新闻记者团体的组织了。

代表整个的报馆所组织的团体，很早就有了：像上海的日报公会，和十年前所召集过的全国报界联合会等；至于新闻记者本身的，那么要算民国十年所组织的上海新闻记者联欢会，为全国新闻记者的组合的嚆矢了。

民国十年（一九二一）十月全国商会教育会联席大会，在上海总商会开会，上海的新闻记者，除各家通讯社外勤记者常川到会记录新闻外，各报馆因：1. 尚未设有采访部；2. 本埠新闻本取材于各家通讯社，所以除非有特别重要的议案时，报馆的记者——内勤记者——从没有到会场去直接采访新闻的。当时因发表对内宣言，草案虽已通过，会场记者因受主席团的嘱托，不在次日晨报上发表，不料到第二天，上海总商会出席代表汤节之君所办的商报，忽然全文披露，于是全场哗然，到开会，而还没有开议的时候，《中国晚报》记者张冥飞，将会场新闻记者（多为通讯社记者）所共同签名的公函，提出质问，请主席团先行答复，否则今日新闻，即不为记录；其时太原商会代表会长宋某，因在内地，轻视新闻记者的习惯，并不加以考虑，就从会议上起立，大骂新闻记者，于是在场的代表，都收拾纸笔，完全退出；是日，尚有欢送太平洋会议国民代表大会，同时在总商会常会室开会，因此亦连带受新闻记者退席的影响，次日各报均无上项消息。这是新闻记者怠工的破天荒。

第二天主席团由会长聂芸台、黄炎培署名，纷函各通讯社和各报馆道歉，并直接向到场的新闻记者表示歉意，风潮始平。

　　自此次风潮发生后，其时在场的新闻记者，都觉得为维持新闻记者本身的地位和威权计，必须有团体的组合，当席推张静庐起草规约九条，定名为"新闻记者联欢会"，最初签名发起者为严谔声、张静庐、郁志杰、周孝庵四君，但只限于外勤记者，十一月十一日第一次发起人茶话会时，内勤记者最初热忱加入者为潘公展、戈公振二君，会员人数为三十一人，厥后渐次介绍，最多时连外报记者共七十二人。

　　新闻记者联欢会最初规约，限制报馆的经理及总编辑或主笔加入；在当时的用意，以为经理与主笔其利害关系与内外勤记者不同，且因报馆的地位与政治色彩的各别，使此纯粹为劳动组合的团体，染上了一点颜色，后来经第二次的修正，只限经理而不限主笔或总编辑，因为主笔或总编辑，亦系内勤记者的一部分，不过在地位上的不同，在事实是全部分的主脑罢了。

　　自从上海新闻记者联欢会成立后，各地的新闻记者，亦都起而作同样的组织，如北京的新闻记者公会，广州的新闻记者联合会以及其他各省埠有二家以上的报纸的所在地都有。

　　民国十六年二月间，国民革命军已超越杭州而达江苏边境，上海的新闻记者因鉴于新闻记者联欢会的一事不做，每月只定聚餐一次除关于新闻记者本身的利害以外，概不参加。乃发起日报记者公会（各报馆内外勤记者所组织），通讯社记者公会（各通讯社内外勤记者所组织），待二种公会成立后再合而为一大规模新闻记者公会，这种有组织的确比较原有的新闻记者联欢会为进步了；但当时的上海，处于军事的混乱之下，所以日报记者公会之中之一家报馆（新申报），随孙传芳的败退而告消灭；通讯社记者公会之中的一家，因随清党运动而改组了。这样的不同的组织自然难免于失败。但是新闻者的联欢会，曾经提出过的"新闻记者星期休息"的议案，无疾而终后，日报记者公会，复有"改良新闻记者待遇"的拟议，虽然没有什么成绩，可是不能不算是中国新闻记者的自觉的表显呀！

代日报记者公会通讯社记者公会而兴的，为叶如音、严慎予、张振远、李子宽诸君所发起的新闻记者联合会；这是比较更有进步的一种组织，不仅为本身的利益而集合，并参加民众团体的各种运动，甚且直接的为整个的新闻记者的利益而作政治运动。成立于十六年四月二十九日，会员人数八十二人。第一届常务委员为严慎予、何西亚、张振远、蒋剑候、张静庐五君。第二届为叶如音、张振远、李子宽、蒋剑候、杭石君、陈冰伯、金华亭、金雄白、管际安。第三届为严慎予、张振远、胡仲持、朱应鹏、李子宽、汤德民、蒋剑候、金雄白、杭石君、陶百川、马崇淦。第四届为周孝庵、顾执中、余空我、戈公振、马崇淦、胡憨珠、钱沧硕、徐耻痕、钱小鹤、严独鹤、范敬五。

下编

中国的新闻纸

一、新闻纸的起源

（一）新闻纸的定义

新闻，这一个名词，始见于宋朝，当时传递消息的所谓"邸报"，已经很风行的了；除"邸报"外，还有许多私人方面，用种种的方法，探听一些在重要的机关里所泄漏的消息，用非公式的传递给几个人或散居若干区域的若干人，那时候名之曰"小报"。《朝野类要》说："边报，系沿边州郡，列日具干事人探报平安事宜，实封申尚书省枢密院，朝报，日出事宜也。每日门下后省编定请给事判报，方行下都进奏院，报行天下。其有所谓内探省探衙探之类，皆衷私小报，率有泄漏之禁，故隐而号之曰'新闻'"。照这一段纪事，那么我们正可以说，我国在宋朝的时候，已有私办的新闻纸了，不过在那时候，机械还没有发明，而又格于禁令，所以"邸报"可以用木板雕刻后，刷印若干份，驿递各处；"小报"却不许有同样的刷印，至多是用人工的抄写，秘密的分递给各地的关系人罢了。但是论其性质，颇有几分像现在的民有的新闻纸，所谓"内探省探衙探"之类，却和现在的新闻记者一样。

现在，我们对于新闻和新闻纸，所下的定义是："新闻者，对于读者引起兴趣与影响之事件，发现意见等正确而得时之报告也。"用机械复制而成为一般的普遍读物的，叫做"新闻纸"，亦名"报纸"。戈公振先生在他的报学史里，综合各国新闻学家对于新闻纸所下的定义，概括而定比较简明而确当的定义曰：

> 报纸者，报告新闻，揭载评论，定期为公众而刊行者也。

新闻纸的定义，照中国的报纸条例业经废止法令的规定为"用机械或印版及其他化学材料印刷之文字图画，以一定名称，继续发行，均为报纸"。又《邮政章程》第九章新闻纸类："凡属各项可以订购之出版物，无论华文洋文即如新闻纸及按期出版物，在中国著名之印刷所，按指定之期，挨次编号出版，且系散张成秩，不用木板布皮等套，或他项坚实之物质装订者，即准在发行处应赴之邮务管理局挂号，作为新闻纸类邮寄"，如果是这样的解释，作为"新闻纸"的定义，未免失之宽泛，不合于中国的习惯；若照现在中国幼稚的新闻事业而论，所谓新闻纸从狭义的，那么不如直截了当的说："凡是定期刊行，以机械复制，将一般有兴味的现实事件状态之混合的复杂的内容，化为通俗的出版物"，叫做新闻纸。因为这样的解释，可以免掉新闻纸和其他的定期刊物杂志混为一体。定期刊物，虽然也有专载新闻的三日五日七日出版一次，在某一县或乡镇所发行的，不过在现在的中国内地，还是极少极少，即使是有，也是销行不出一县一乡一镇的。普通的所谓杂志，虽也有混合的复杂的内容，然而杂志究竟是带有专门色彩的，不是一般的读物，或许没有像新闻纸一般的有时间性。

（二）从唱卖新闻谈到邸报

在中国还没有新闻纸以前，在朝的有公的"邸报"，私的"小报"；在民间的有唱的新闻和画的新闻二种。后二种不知发源在什么时候，在邸报和小报以前或以后，那都没有方法考据的了。

唱的新闻，在我们的乡间——浙东一带，名之曰"唱新闻"，业之者大抵是盲人，也有不盲的，不过很少数。他们所唱的，都是民间所发生的一桩可歌可泣的事件，原原本本，有系统的，从事件的开始，以迄于终了，和现在新闻纸上所记载的社会新闻一般。当时，太紧在没有新闻纸记载的时候，除掉了宦海升沉的官报，科举中式的捷报外，其他凡是民间所发生的事件，是没有方法能听到的，他们所能够听见到，而现在还在传诵的可歌可泣的故事，就是在这辈"唱新闻"的人们的口里所念出来的新闻罢了。

画的新闻，比较唱的新闻是进步得多了。他是弃旧翻新，花色繁多，消息也敏捷，因为他的手续简便，不像唱新闻的要将一件经过的事实，从起头以至于结局，更不必像唱新闻的要将这一桩事件，用谐韵来编为长篇的歌词，学会了一桩，该费掉了多少的时日,才能够背诵如流地唱出来一句不脱咧;听唱的人们,除掉听了他的告诉你这一桩新闻的内容复杂情节以外,还要评判他唱的腔调的悦耳与否?嗓音的圆润与否?画的新闻,在这些困难的手续和技巧,都可以不成问题。画的新闻,一名为"卖新闻",他是用一张普通的薄纸,将最近邻或邻省县民间所发生的一桩值得轰人听闻的新闻,用粗陋的画工,画就了六幅或八幅的小图,经木板雕刻而成一长方形,然后用手工刷印的方法,印就了若干张分给"卖新闻"的人们,拿了分跑到各县市乡镇,出卖给那些爱听新闻的人们。这一张粗糙的画纸,虽然那纸上没有一个字,加以说明这图的内容,可是这六幅或八幅的画,却是有连环性的,从开头以至结局也有未曾结局的。已经废止的中国报纸条例的规定,"用机械或印板及其他化学材料印刷之文字图画"的解释,我们大可以名之曰"画的新闻纸"。

"唱新闻",现在乡间还是有的,不过已经失了他的意义,在听的人们,只晓得听他的唱句和腔调罢了;实际这辈"唱新闻"的人,也没有新编的新闻,陈陈相传,于是乎变做了故事的歌唱者了。"卖新闻"到现在还常常见到,就是在中国新闻纸最发达的上海,也还可以碰到,假使你留意;不过卖画而兼唱歌,信口开河,买的人们,多因听其唱而买其画罢了。

"邸报",发现于唐德宗时,离现在已经有一千一百五十年了。里面所记的都是皇帝的起居言行,和官吏赏罚宦海升沉的事。系用手写后再用木板雕刻成单张,以事务的简繁,定张数的多寡;每页分十三行,每行十五字,字大如钱,有界栏而无中缝,宋时的"邸报",除掉刊登皇帝起居注外,还选刊各疆吏,谏史的重要奏折和建议书等，分给各衙门部署，以资参考。汪文定与李运使书："垦田之议，顷于邸报中见之，颇讶其首尾不贯串，今得见全文幸甚。"那么在当时邸报中所刊登者，不过是些提纲挈领的话，略而不详，因为印刷雕刻的不方便，其所记载自然力求简略，亦如现在新闻报上的专电罢了。如果电报发达，电报就可以传达较长的新闻，就无用再标专电的名称了。

因为"邸报"是皇帝所独有的东西，其所选登又只限于可以公布的公文。朝士疆吏，为需要敏捷的消息，多量的新闻起见，于是乎又有所谓"小报"者，应这样的需求而产生。"小报"在当时极为人们所注意，试读《海陵集》中论禁小报文便可知当时人们的重视"小报"有如此者文曰："方陛下颁诏旨，布命令，雷厉风飞之时，不无小人诪张之说，眩惑听众。如前日所谓召用旧臣，浮言胥重，莫知从来，臣究其然矣，此皆私得之小报。小报者，出于进奏院，盖邸吏辈为之也。比年事有疑似，中外不知，邸吏必竟以小纸书之，飞报远近，谓之小报，如曰今日某人被召某人罢去，某人迁除，往往以虚为实，以无为有。朝士闻之，则曰已有小报矣。州郡间得之，则曰小报到矣。他日验之，其说或然或不然。使其然耶，则事涉不密；其不然耶，则何以取信？此于害治，虽属甚微，其实不可不察。"观此，所以我们可以说，宋时的"小报"，已具新闻纸的雏形和价值。至于"其然或不然"因为是邸吏私自访闻所得，为传递消息迅速起见，或其事尚未成熟，或其说未必果行，必要待之"他日验之"，才可明白这正是现在新闻记者的口头禅，所谓"有闻必录"是也。但是要以"他日"的事实，来证明"今日"的传说，自然不免有"不然"的地方，就是现在的新闻纸上，何尝就没有"不然"之处呢？况且从前的"某人罢去，某人迁除"，在皇帝之一言，喜怒风云，朝夕不测，我们正不必为"小报"病。犹之乎现在的新闻纸刊登的专电，某任部长，某罢局长，非待见正式命令，未必即靠得住；所以民国以来的政府公报，虽然在新闻纸这样发达的时候，还是为各部署衙门所重视，用以证实新闻传说的"或然或不然"。

"邸报"，为私邸所发行。因唐时十六节度使的私邸，都设在首都。"邸报"就是由私邸通报给各自的藩镇的通报机关，如现在的官办通讯社。"邸报"中所记不外皇室的状况，诏令，奏章，叙任，辞令，谒见，朝觐，赏罚，庙堂会议等等。其发行为不定期刊。直到元朝，才改定为每十天一次。

"邸报"这个名词，到清朝方才废止，改为"京报"，其内

容格式，和从前相同，不过由散张而成为本装罢了。民国时代，新闻纸已非常发达，但是"政府公报"，还是一样的存在；革命后，国民政府继续出版"国民政府公报"，也是一样的格局，换汤而不换药。不过"京报""政府公报"，是每天发行的，"国民政府公报"却是每逢一日十一日二十一日，每月发行三次。

二、新闻纸的发展

（一）外国人所办的新闻纸

官报——统治阶级所有的——之外，民有的新闻纸，当以一百十四年前（一八一五年）的"察世俗每月统计传"为最早，创办的是伦敦传教会，编辑的人是英人马礼逊、麦都思和我国耶教徒第一人粤人梁亚发。主其事者为英人密尔恩。印刷发行都在马六甲地方。从清嘉庆二十年起，至道光元年止，凡七年。继起的有《特选撮要》，发刊于巴达维亚，凡四年。又有《天下新闻》，发刊于马六甲，凡四年；内容所刊登的为中国新闻，欧洲新闻、科学、历史、宗教等，系用活版排印。

在中国境内，外人所主办的新闻纸，当推"东西洋考每月统计传"为最先。从道光十三年起至十七年止，凡四年，主其事者为英人郭实腊，发刊于广州。此后，在中国境内续有出版如香港的《遐迩贯珍》，宁波的《中外新报》，上海的《六合丛谈》，香港的《孖剌报》，上海的《中外杂志》，都是每月一本，装订成秩中外新报初为半月刊，后改月刊。周报之最初者，为广州的《中外新报七日录》，上海的《教会新闻》都每星期一次。

日报的最先出版的，是香港的《中外新报》，在清咸丰八年一八五八年由伍廷芳向《孖剌报》提议，增出华文晚报一种，定名为《中外新报》，即由伍君主持编辑，初发行时为两日刊，后改为日刊，继此而起的有《上海新报》及《沪报》《沪报》创办于光绪八年，旋售于日人，改名为《同文沪报》等。到同治十一年一八七二年现在在全中国最占势力资格最老的《申报》，由英人美查，创办而出现了。

《申报》创办之历史　据《中国报学史》所载："《申报》发刊于同治十一年三月二十三日，为英人美查所有。美查初与其兄贩茶于中国，精通中国语言文字，某岁折阅，思改业，其买办赣人陈莘庚，鉴于上海新报之畅销，乃以办报之说进，并介其同乡吴子让为主笔。美查赞同其议，乃延钱昕伯赴香港，调查报业情形，以资仿效。盖时日报初兴，竞争者少，其兄所营茶叶亦大转机，故美查得以历年所获之利，先后添设点石斋石印书局、图画集成铅印书局、燧昌书局、燧昌火柴厂与江苏药水厂等，光绪十四年，美查忽动故国之思，乃添招外股，改为美查有限公司，而收回其原本。托其友阿拍拿及芬林，代为主持。光绪三十二年，公司以申报馆营业不振，及江苏药水厂待款扩充，由申报馆买办席子佩，借款接办，名义则尤属之外人。民国元年，席将申报馆售于史量才，于是《申报》遂完全"归于华人"。

"申报"这一个名词，在中国境内，几没有人不晓得的，无论这个人识字不识字，或是老年的妇人，年青的小孩子，他

都晓得，他们虽没有见过《申
报》，但是他无论拿到一张什
么样的报纸，他不晓得，他就
名之曰"申报纸"；也颇有识字
的人，他虽晓得别种报纸的名
称，可是他往往就随便称任何
报纸为"申报纸"。这"申报纸"

三字，几乎在中国内地，是代表任何新闻纸的一个总名称了。

继《申报》而起的，现在成为中国二大日报，占中下阶
级社会唯一的势力，销行最广的《新闻报》，开始创刊于光绪
十九年一八九三年的上海，离《申报》创始期后二十年。

《新闻报》，系前清光绪十九年癸巳元旦出版，由华商组织，
为私人公司，公推华盛纺织厂西人丹福士为总董，裴礼思为总
理，华商中张叔和亦在焉。公司后渐解体，丹福士遂独为主人，
英人裴礼思为总理，郁岱生以收支而兼主笔，总校蔡紫绂，专
撰论说。旋郁氏因事告退，另延袁翔甫为主笔，孙玉声为本埠
编辑主任。光绪二十五年己亥，丹福士因事破产，所办日报先
已押给某公司，美国公堂判将报馆交归该公司办理，以清债欠。
后六月为福开森购得。时福开森为南洋公学监督，任汪汉溪为
总理。光绪三十二年一九〇六年四月改组公司，乃照香港法律
注册，以福氏为公司总董，克拉刻副总董。民国五年英公司解
散，改组美国公司，照特来佛省法律注册，即今之新闻报公司。
《新闻报》廿五年纪念特刊

外国资本的报纸，在中国境内者，后尚有福建的《闽报》，

创于光绪二十三年。北京的《顺天时报》，创于光绪二十七年。奉天的《盛京时报》，创于光绪三十二年。大连的《泰东时报》，创于光绪三十四年。这都是日本人的资本，为文化侵略的工具。革命军北伐时，乱造"国军赤化"之谣；济南惨案发生以后，更肆无忌惮，颠倒是非，宣传其"山东出兵"正大光明的正义，而抹杀事实，还以炮攻济南城，把住胶济路，强占我山东半省为有理。可是我们不争气的中国人，尤其是平津的中下级社会和自命为上等人的官僚政客，还是一样地像做了日本帝国的顺民一样，宁愿不看中国报，不可不看《顺天时报》，于是乎这种罪恶昭著的日报，还是在平津一带为销行广大的新闻纸，和美国教会所办的《益世报》，为北方势力最大的新闻纸。（注）《顺天时报》已于本年（一九三〇）三月停刊。

（二）中国人自办的新闻纸

民有的新闻纸，纯粹为中国资本，中国人主编的，要算同治十二年在汉口出版的《昭文新报》为最早。其次为同治十三年上海出版的《汇报》，香港出版的《循环日报》，光绪二年在上海出版的《新报》，光绪十二年在广州出版的"广报"。待光绪二十一年，中日战争之后，民气陡涨，民报的产生，更如雨后春笋般的勃兴，强学会的《中外纪闻》《强学报》，先后在上海、北京出版。著名的《时务报》《时务日报》《苏报》《时报》《广州日报》《时事新报》等，都相继在上海产生了。

这是民有新闻纸的最盛的创始期，当时编著的都是有名的学者，如康有为、梁启超、章太炎、蔡子民、吴稚晖、于右任、狄平子，王穰卿等，可惜都是一班文人，除了下笔千言的做做文章外，不明经营之术，因此，经济发生困难，便渐渐地消灭，现在我们还能够看得到的，只剩有《时报》《时事新报》和香港的《循环日报》罢了。

1、**《循环日报》** 创始于同治十三年。先是有王紫铨者，以上书太平天国忠王杨秀清之嫌，清廷欲得而甘心，乃随麦华陀牧师走香港。旋应英华书院之聘，编辑圣经，遂家焉。迨欧海理牧师解散英华书院，王氏遂与该书院买办黄平甫集股购入，易名中国印务总局，此同治十年事也。后就印务总局改组《循环日报》。"循环"云者，意谓革命虽败，而籍是报以传播其种子，可以循环不已也。王氏自主笔政，洪干甫及婿钱昕伯辅之。钱氏盖奉《申报》主人美查之命，赴港调查报务以资仿效者也。初创时，新闻用洋纸印刷，然间尚用土纸。新闻常占三分之一，区为三栏，首栏选录京报，次栏为羊城新闻，又次则为中外新闻栏，然其时交通未便，消息难通，故主笔政者常须述野语稗史以补白。次年附刊日报，择重要时事汇为一册，每年取费一元。嗣因销路不多，未期年而罢。当时该报有一特色，即冠首必有评论一篇，多出自王氏手笔。取西制之合于我国者，讽清廷以改革。《弢园文录外篇》，即集该报论说精华成之。其学识之渊博，眼光之远大，一时无两。自是而后，上海新加坡的报纸渐兴，互相转录，材料遂不虞缺乏。光绪四年，该报因省港消息灵通特将每日报纸于先一夕派送，是为香港汉文晚报之先声。但往省船只，例于下午四时开行，而报纸印竣须在八时，故寄往广州澳门者，均须俟诸次日。历四年，因时促事忙，遂取消晚报，光绪三十年，增加篇幅，分为庄谐二部，附以歌谣曲本，字句加圈点，阅者一目了然。光绪三十四年，京沪要事以电报传达，于是港中各报，遂专电互竞优劣，近年更迭有改良。

《中国报学史》

2、《时报》 光绪三十年四月二十九日，创刊于上海，主持者为狄楚青。先是，狄氏抱负新思想，自日本归国后，即与《湘学报》主笔唐才常在上海组织中国独立协会，图大举。假名东文译社，以掩官厅耳目。经济无出，则鬻旧藏古书画以充之，初拟结连各秘密党，乘间入京。寻拳祸大作，首都沦陷，乃一面邀集各省人民组织国会，推容闳、严复为正副议长，以为对外代表人民之机关。一面购置军火，上溯汉口欲占为起义之地。惜内部事机不密，功败垂成。从此狄氏灰心武力运动，乃创办《时报》，为文字上之鼓吹。延陈冷为主笔，独创体裁，不随俗流。如首立时评一栏，分版论断，扼其机枢。如提倡教育，如保存国粹，如注重图画，如欧战后复增教育实业妇女儿童英文图书文艺等周刊，今均为各报所踵行，又如光绪三十年之冬，为粤汉铁路建筑权，发争回权利之议论。次年以英人虐待华工，劝国人制造国货，

购买国货。民国五年，因日人二十一条之要挟，提
倡救国储金，藉众力以振兴实业。此皆其荦荦大端，
为注意时事者所能记忆。《中国报学史》

从戊戌变政开始，经过几次的对外战败，以迄于辛亥革
命前后，这一个时期，可算为中国新闻纸的发展最迅速的时期，
无论在朝的官吏，在野的民众，无不重视新闻纸。而尤其注重
于新闻纸上的评论。当时，对于新闻的采访、选择，都没有十
分的用力，因此造成了封建式的访员制度，竟为新闻纸改革的
一个大障碍。但是，那时候的办报者，真正是以新闻纸为营业
的很少很少，他的用意，也不过是在假此以宣传其一党一系的
政见罢了。所以少则一年半载，多则三五年，都为受了经济的
压迫而倒了。

三、新闻纸与革命运动

（一）辛亥革命前后的新闻纸

新闻纸有制造舆论，宣传主义的能力，所以中国的革命，实与中国的新闻纸有密切的历史的关系。中国新闻纸的主张革命，当推光绪二十五年在香港出版的《中国日报》为最早。而与辛亥革命有直接关系的《苏报》《国民日日报》《警钟日报》《复报》《民报》；和至今犹脍炙人口的《民权》《民立》等报。

《苏报》创办于光绪二十三年，主笔政者为吴稚晖、章太炎、蔡元培等；后因邹容的《革命军》一书，为清廷所查封，邹容死于狱，章太炎因而后释。《国民日日报》创办于光绪二十九年，主笔政者为陈独秀、章士钊、苏曼殊。因与《苏报》的关系，亦为清廷所查禁。《警钟日报》为蔡元培、刘师培等组织，至光绪三十一年被封。《复报》和《民报》，都在日本东京出版，创刊于光绪三十一年。《复报》为刘师培主编；《民报》为张溥泉、汪精卫、胡汉民等主编，因为在国外出版言论比较自由，所以鼓吹革命，宣传主义，旗帜极为显明。《民呼》《民吁》为于右任所创办，出版期均甚短促；《民立》亦为于氏所办，为当时党报中销行最广者；至民国二年因经济困难而停刊，宋教仁、章士钊、徐血儿等，均先后为该报编辑。

辛亥革命以后，为党宣传的新闻纸更多；元年孙中山退让临时大总统与袁世凯，以促成南北统一之大业。民党中人除一部分已被选为众参议员外，其清高者，不乐于官生活、不热中于利禄思想，乃相率与孙中山同退，还其书生本色，从事于笔墨生涯，籍新闻纸以宣传国民党的主义和政策。《民权》《天铎》《生活》《国民新闻》《中华民报》，尤为个中的佼佼者。

《民权报》，为戴季陶所主办，文章署名为天仇，日作千言，洋洋洒洒，与当时风行的《民立报》相埒，措辞激烈，读之令人兴奋。《天仇文集》中所刊的，就是当时在报上所做的论文。《天仇文集》今已绝版戴氏尝在其编辑室墙上，大写"报馆不封门不是好报馆，主笔不入狱不是好主笔"，其态度之急进，可见一斑。而此二语，在现在还传诵于新闻界。《民权报》的内容，不仅是天仇的论文为别报所不及；就是小品文字，也都是当代名著，如所刊诗文、游记、小说、笔记、散文等，均属一时上选。所以民二革命失败，报纸停刊，馆中旧友，汇集报尾文字，印成《民权素》十八集，销售不下十万册，名贵的作品不胜枚举。《天铎报》为李怀霜所办，现代评论的专家陈布雷，就在该报露其头角。《生活日报》为徐朗西所办，徐氏毕业于日本铁路学院，为关中革命的领袖。该报首注意于民生问题，提倡总理的开港筑路的交通救国政策；又刊行《生活杂志》，延陈屺怀为主笔，

二次革命失败徐氏逃南洋，报纸和杂志都停刊。《国民新闻》
为吕志伊所主办，《中华民报》为邓家彦所主办，评论措辞极
为激烈，与《民权报》同称竖三民。

（二）洪宪时代的讨袁报

从二次革命失败，国会解散，国民党人都被袁世凯所通缉，
逃到外国。其时，国内的新闻纸，都慑于袁氏淫威之下，日歌
颂袁氏的功德，奄奄无生气。但是当时的民心，都求苟安于一
时，认孙中山所主张的三民主义，完全是理想，是空谈，是玄
学；不仅是没有经过训练，没有远大眼光的民众是这样，就是
所谓党员，也何尝不如此呢？做官的做官，捧袁的捧袁，因政
见的不同，自立政党的慢慢地离开了革命的阵线。直到民国四
年，袁世凯帝制自为之心，暴露于世人之前，于是讨袁的声浪，
渐次震荡于南方各省区，军事上的经营渐次成熟，讨袁的新闻
纸亦络续出现，在上海如民党的《民国日报》由叶楚伧、邵力
子主办。《民意报》由徐朗西主办。政学系的《中华新报》，由
杨永泰、谷钟秀主办。其时研究系的《时事新报》也由广东军
务院的关系，立抨袁氏。袁氏则为抵制反对者的舆论，特派薛
大可到上海，办一张《亚细亚报》，公开的主张帝制，出版后，
于九月十二月，两次被徐朗西手掷炸弹，虽然没有炸坏了什么，
可是究竟吓破了这洪宪走狗的胆，因此不久便停了刊。北京各
报，凡属华人自办的，因在袁氏权威之下，自然不敢讲话，只
有日本人办的《顺天时报》，鸣鼓而攻之，销路骤增，为北方日

报之冠。天津有刘揆一办的《公民日报》，延刘铸生、张静庐为编辑，馆址设日租界内，并为北方革命党的通讯机关，但是报纸的销行仅限于各租界内，华界则力事查禁，东马路一带皇皇布告，高标墙上；可是民心未死，报纸的潜销，仍然达到内地，不过以辗转秘密，报价竟高涨到一毫大洋买一份。

袁氏死后，《民意报》《公民日报》等，都相继因经济困难而停刊；唯有《民国日报》仍继续出版到现在，成为上海革命历史最永久的党报，但是中间几经困难，尤困于经济，叶邵二氏，常常典衣鬻物以换纸，惨淡经营以迄于今日。《中华新报》，尝延吴稚晖为编辑，其最传诵的《脞庵客座谈话》一书，就是在该报时每天刊登的散文；延陈白虚为小品编辑，陈又延王新命助之；其内容之丰富，与《民国日报》之"民国闲话"相埒。时民国闲谈为成舍我所编，楚伧亦时作小说散文，署名为小凤。后吴陈等都离去，谷杨等亦赴京做官，馆事没有人主持，仍让给殷汝骊主持，殷复让给谭老谈，虽延有中国评论名家张一苇为主笔，间且附刊"创造日"副刊一张，由创造社郭沫若、成仿吾、郁达夫等主撰，销路广告两无起色，卒因经济支绌而停刊。

国会恢复，黎元洪再为冯妇，国人视线均集中于北京，北京于是便为政治斗角之场。时京中最销行之报纸，除日人的《顺天时报》，美人的《益世报》，和资格较老的《北京日报》外；章士钊主办的《甲寅日报》，和挂名民党的《中华新报》，最占势力。先是，章士钊逃到日本，于民国五年三月，自编《甲寅》杂志出版，鼓吹其所主张的联省自治，极为一般人所欢迎；欢迎的心理有二：1. 迷信袁世凯者，以为袁氏是怎样的一个有作有为的雄杰，都没有方法以治今日之中国，则欲求中国的和平统一，非采联邦制的联省自治政策，实无术以策中国的和平统一；至于孙中山所主张的三民主义，仍视为理想空谈，认为决没有实现的可能性。2. 因为章士钊的文章，别倡风格，为近代难得的时论。《甲寅》杂志存稿印有专集《中华新报》则胆大能言，虽没有元二年上海"民权""民立"的精神，然在北京报界中，确是一个诤诤者了；可惜主办者，目光近视，除批评当时的政局以外，固未尝为三民主义宣传也。

（三）新文化运动与副刊

自陈独秀、胡适之假《新青年》杂志，鼓吹新文化运动后，接连发生了"五四"运动。"五四"运动发生于北京，为中国青年的政治运动，也可以说是中国民众直接参与政治运动的第一声。其时北京的新闻纸，最努力于宣传的，首推《晨报》；《晨报》初办时名《晨钟报》，后改为《晨报》，为蒲伯英所主持，研究系的《机关报》和上海的《时事新报》，同一个性质。

《晨报》对于新文化运动，的确有很大的功绩。从前无论京沪和各地新闻纸，其报尾所登的小品文字，上海人所谓"报屁股"，都是登些红男绿女的小说和笔记，甚至于引人入迷的鬼怪神话和诱人作恶的黑幕秘诀。《晨报》首先割除这类文字，另于正张之外，添印半张，专刊有价值的文艺作品，由孙伏园主编，极为学生界所欢迎；孙去后，由徐志摩主编。徐去，改由瞿世英主编，每月订成一册，销行及于全国。鲁迅的创作《阿

Q正传》，就是每天在这上面所刊登的。即以新闻的编辑方法论，也算《晨报》为中国新闻纸的首屈一指。

上海的新闻纸，从事于新文化运动的，要算《时事新报》和《民国日报》。最初，上海和内地的教育界，所喜欢看的日报，莫过于上海《时报》，因为《时报》在当时，对于教育界的新闻，记载特别详细的缘故；从新文化运动以后，全国青年的思想，为之一新，《时报》的主编者，不晓得迎合时代潮流，并一张副刊都不肯出版，仍保留其"余兴""小时报"的老套头。因此，《时事新报》的副刊"学灯"，应时而起，延宗白华为主编，撰述者都是一时之选，于是学界极表欢迎，《时报》十余年来在教育界里所打下的根基，不能不摇动，以至于倾坍。"学灯"自宗白华、郭虞裳以至郑振铎的编辑，仍还能够保留其独立发展的精神，郑去，后续无人，归并报尾，以至今日，已没有人再提起这一张曾经脍炙人口的"学灯"了。

《民国日报》于新文化运动后，初辟"觉悟""救国"二栏；分刊各类文字：旋归并为一小张，名"觉悟"，名义由邵力子主持，实则由陈望道编辑之，因困于经济，不能多收精美的文稿，但是公开答复来信，亦为当时青年界最欢迎的一种读物；询问的事，独多于婚姻问题，每日满纸刊着"力子呀！力子呀！"的因婚姻不自由的青年们的呼声。后又于报尾辟"杭育"一栏刊登简短的谐文，叶楚伧的《前辈先生》《衣冠禽兽》曾刊于《华北新闻》小说二种，就是登在这上面的。后"杭育"再改为"上海社会"，有姚赓夔编辑，文体以趣味为主；"觉悟"则仍旧着，到现在还继续存在。现由陶百川编辑多刊讨论党义文字与从前"觉悟"亦不同了。

（四）忆《商报》

在"五四"运动以后，上海曾异军突起地出现了一种新闻纸，它有了七年的历史，这是值得我们记忆的上海《商报》。

《商报》创办人是汤节之。创办于民国九年，筹备经年，到十年一月一日，才和上海社会人士相见。先是上海的商界，无论操何行业，其所看的报纸，总是《新闻报》。上海是东亚唯一的商场，商人在全上海人口统计里占到十分之六，这十分之六的商人，他们所每日爱读的日报，《新闻报》最少占有十分之八的势力。因此，《新闻报》在上海一埠的销数，可以说是无出其右的了。可是，使我们失望的是《新闻报》虽有三十多年的历史，又有雄厚的资本，它的主持人，总没有

想在这一张数十万人所爱读的报上，应该怎样地改革，怎样地革新，怎样地利用这新闻纸，灌输些新思想给读者，指导这数千年来陈陈相因的中国旧式商人们以一种商业的知识，怎样地介绍些经济的学说，使头脑冬烘的商人们，得稍少了解些世界大势。虽然汪汉溪先生，他毕生的精神都放在这《新闻报》的上面，事事

躬亲的二十年如一日，以至鞠躬尽瘁，死而后已。《商报》的创办，它高标这一个"商"字，大有取而代之的意思。它虽没有雄厚的资本，悠久的历史，它却有较新的计划，优秀的人才，足以扶助这张报，终究成为上海报界的革命者，而值得我们哀悼追忆者也。《商报》的主编是陈屺怀，主笔是陈布雷，他每天能在报上做下数千言的论文 论文的书名为畏垒，为上海各报所没有的；电讯编辑是潘公展，他用最新的经济的编辑法，有条不紊地分列电报和要闻，成为各个的独立。现在各报的电报分题和大事摘要，都是仿效这个编辑法。这固然不是潘君的新倡；但是在中国的报纸上，却是他最先的采用的。本埠新闻编辑是朱宗良 先是沈仲华，他虽没有方法——自然是钱的问题——得到最灵通的新闻，可是这全版都靠通讯社和访员的来稿中，他能编列得法，尤其是"五卅"惨案发生后的本埠新闻，令人一目了然，大胆敢言。除此以外，在《商报》上最为人所认为特出的，就是潘更生、冯柳堂所编的"商业金融"。从前上海各报纸只有在广告后的地位上，刊登些行市价目；"商业金融"却扩大它的范围，成为新闻纸上的另外一栏，它除每天做有关于商业金融等的评论，和介绍经济的思想文字外，上自国际汇兑贸易，下至商店卖买，无不详细登载，行情市价更无论了。自从"商业金融"出现于《商报》后，《申报》《新闻报》《时事新报》，《申报》为潘更生兼，《新闻报》为徐沧水，《时事新报》为戴霭庐，都是经济学的专家。都相继仿行，至今仍另辟专栏，或为新闻纸上重要材料之一。可是报尾的小品文字，我们不必讳言，是落伍的了。这是主办的人，他只注意在商人的身上，他以为商人只爱看"快活林""自由谈"的文字，为要他的报，在商界里销行，就不能不迎合商人的心理，就请了一位善在小报上做谐文的张丹斧，在报尾上做其屁文章。其后虽一换王钝根，再换陈小菊，而其体裁仍一贯不变的。那里会想到，《商报》的销行，在上海的商界里，没有占到了什么地位；爱看它的，到是智识界和青年学生呢？在这当儿，汤节之因钱债案脱离了报馆，让渡给李征五为总理。讨曹之役，《商报》可说是打倒贿选的唯一的首功。他敢本着革命的精神，造成讨曹的舆论；全版用顶大号的字体，印着曹锟的像片，直名之曰"捐班总统"。这种精神，自从上海报界"横三民，竖三民"之后所未有的了。革命军开始北伐，《商报》以不受民党一钱，不为党报的资格，力表同情，摇笔呐喊期北伐的成功。所可惜的是这时候李氏因无力维持而离去，继之者为方椒伯；方为一持重的普通商人，而他的后靠又是傅筱庵，傅是与孙传芳有关系的，"拥护军阀"和"打倒军阀"是不能并立的，于是乎陈、潘、朱等都相率引去，报的价值遂一落千丈，延到民国十六年十二月三十一日寿终。到十七年九月，洪雁宾前《商报》协理黄春荪前《商报》广告主任重整旗鼓，继续出版，延前编辑张静庐为主编，缩小范围，可是已不是本来面目，经济人才两感缺乏，不过只留着这一块牌罢了；可是不到半年，仍归消灭。旧《商报》的全部机器生财，由汇商公司让盘于《中央日报》。

《中央日报》是国民党中央党部宣传部直接主办的日报，创刊于十七年二月十日，由潘宜之为总理，彭学沛为主笔。旋经改组，委曾集熙为经理。在上海出版三个月，奉中央令迁往南京出版，改延严慎予为经理，因经济充足，所以报的内容很充实。十九年三月严又辞职。

（五）革命军北伐后上海报界的小变化

当第二次全国代表会议之后，上海党部，因西山会议派和左领派不相容，青年党员沈雁冰、张廷灏等愤《民国日报》之偏袒一方，乃集资承盘前《中华新报》的全部机器生财。迁移到法租界，定名为《国民日报》，筹备数月，一切告竣，卒以法领事不肯批准，展期复展期，以至于消灭。时蒋裕泉方办《中南晚报》，延高尔柏、高尔松为编辑，鼓吹革命；到革命军北伐将到达上海的时候，蒋复承盘《神州日报》全部机器生财，改组出版，易名亦为《国民日报》，由高尔柏为主笔，时高兼任市党部宣传部长。后党中清党，该报遂随之坍倒。

说起《神州日报》，也自有它的历史的价值，值得我们追忆的，《神州日报》，创自前清宣统元年，为于右任、杨笃生、汪彭年君所创办，以鼓吹革命为职志。厥后，于办《民呼》《民吁》诸报，杨亦去国留学，报务一任汪彭年主持。以革命精神，一方宣传主义，一方抨击清廷，与《民呼》等报相唱和。时上海报纸，都主张君主立宪的，对于种族革命，尤非所喜，且慑于清廷淫威，鉴及《苏报》覆辙，更抱明哲保身的主义。独该报不畏强御，努力主张革命。以是深得人心，销路大增，几为全上海各日报冠。曾有一印捕鸡奸一华童，各报皆略而不详，该报却敢大胆记实,力揭其恶,遭当局干涉,诉讼数月,而卒不之慑,且用大号字每日刊载,将其黑幕,一一披露,于是上海市民平日有不慊于巡捕房者,得此一纸,皆为大快,认为言人之所不敢言。当时上海各报,销报都不过数千,该报则以言敢之故,超过一万以上。从民国成立,汪彭年入京做议员,报务全委汪允言主持。汪氏入京后投身共和党,议论与昔不同,于是乎昔之所标为急进者,一变而为缓进矣。民国四年,该报出售于帝制议员孙钟,全馆人员,一律辞去。自孙接办后努力鼓吹帝制,从此风景不殊,河山顿异,"神州"之名义虽存,"神州"之精神已去。昔之受人欢迎者,一变而为吐弃,销数一落千丈,几同覆瓿,无人问津了。袁世凯死,孙钟知难立足,遂出让于钱芥廛,支撑一载,力亦不支,又出让于余大雄。时在民国七年,余大雄、王良元二君接办后,力谋恢复旧观,以冀发扬光大,然大势所趋,无可挽回,虽稍见起色,然难与昔比。余大雄遂更易方针,于民国八年以编辑事委诸吴瑞书,而自创一三日刊曰《晶报》之。除单独发行外,更于"神州"附送。在余之意,原欲借《晶报》之力,挽回"神州",然结果,"晶"自"晶","神州"自"神州","晶"之销数已近三万,为上海小报之王,而神州依然一蹶不振。至十六年,遂让渡给蒋裕泉,改为为《国民日报》。

同时还有《新申报》,起先是席子佩所主办,席曾一度为《申报》的主人翁,后《申报》让渡与史量才,营业蒸蒸日上,席乃另创《新申报》以号召。旋复让与许建屏,延新闻纸的收藏家王一之为主笔,亦办得很有精神。后又因经济关系,出盘给宋雪琴，那时候宋任孙传芳的驻沪办公处处长，孙那时又刚才战败了杨宇霆，夺到了江苏地盘自为其五省总司令，声势赫赫。北伐军初动，该报因捧孙关系，天天在报上大骂其赤化，大谣其赤祸，报的销路一落千丈，几至无人过问。待革命军到上海，该报就自动的关门。机器生财，现在都给《民国日报》馆应用。

《时事新报》，是著名的研究系机关报，平常的时候无论其评论新闻，总是庇袒反革命派的。总理逝世之日，该报主笔张东荪曾在报头做了一篇"孙文死矣"的文章，极鄙薄诬蔑的能事，为国民党同志所深恨，党部因权力不及，没有方法对付之，但是革命军一到，该报之被查封，是一件可能的事。该报经理林炎夫，有先见之明，一待革命军打下江西后，他便到南昌，向各方要人设法疏通，终于拿到了蒋总司令"准予照常出版"的手谕，回到上海。同时该报亦经改组，由《申报》主人史量才承盘，分为三股，旧股东占一股，史占二股，重整旗鼓，延陈布雷为主笔。次年陈去，由程沧波继任之。

（六）北平报界的不幸

当革命军北伐进展的当儿，张作霖自命大元帅，盘占北平。其时，北平的新闻界已经很消极的了。除掉外国人所办的新闻纸以外，著名的《晨报》，因办报人的利害和金钱的关系，专替大元帅讲话。富有革命性的《京报》《世界日报》，和提倡社会新闻的先进，善用滑稽的谐文讽讥时局的《社会日报》，因张宗昌的入平，大大的加以摧残。北平的新闻界，遂益无生气。

《京报》的主人邵飘萍，为中国有名的记者，在袁时盗国的时代，他所办的《京报》，因反对帝制而被封，逃到日本。袁死，他又同到北平，恢复该报。冯玉祥讨曹之役，该报宣传极为努力，张冯之战，该报又力袒冯氏，因此结恨于奉系。张宗昌败了冯玉祥，占据北平，遂下令诱捕邵氏，绑赴天桥枪毙。

待张宗昌二次到平，《社会日报》主人林白水，用诙谐的文调，讥骂潘复为张宗昌的肾囊，潘言于张，张遂命警察总监王琦逮捕，不加讯问，遽行枪毙。

邵、林死后，《京报》和《社会日报》都宣告停刊。

《世界日报》为成舍我所创办，亦为偏袒冯氏的一报。该报初创时，极有精神，其所附的"副刊"，延刘半农主编，尤为青年学界所爱读。林白水死后，张续捕成氏，幸营救早，得免死；成释后即离平南下，报得不停版，至今犹能和世人相见。

中国简直不是一个法治国，法律不能够保障人权；尤其是新闻界，容易犯罪。约法上的"人民有言论出版集会结社之自由"，本来是说说罢了；还加以"报纸条例""出版法"等，重重缚束。不过枪毙新闻记者的一件事，在前清的专制时代，似乎还不曾有过。《苏报》案，在当时是怎样的一重忤逆的罪案呀，但是章太炎、邹容，也不过被拘捕而监禁罢了。袁世凯是怎样的一个雄枭，他对待反对他的中国名记者黄远生，也只能暗杀之于美国。以一个军人，随随便便拿捕反对他的新闻记者，不经过法庭正当的讯判手续而加以枪杀，这是张宗昌之前，未有之也。

北平，虽然说是首都，但是究竟中国的土地，为有枪阶级统治权力所能及到的，所以在北平办报的，确是比上海、天津为困难，因为上海、天津有外国人的租界呀！中国人办的新闻纸一定要在租界上出版，才敢说话——自然是说中国话，——而外人在中国境土内办的新闻纸，却可以自由地批评中国的政局，这是怎样的矛盾，而可痛心的事呀。

北平从前的新闻纸本来是乱七八糟的；论量，比任何地方都多，多的时候，日报竟有八九十种；论质，可以看看的确有独立的精神，别出的特色的，总不曾有过八种十种。北平原是藏垢纳污，卖官鬻爵的一个腐化的大窟窿，无聊的文人，拍上了一个官吏或一个军人的马屁，骗了他五百一千的津贴费就办起一个报来，叫印刷所在别家已经排成的报纸的大样上面，照样地套印一下，不过改换过一个报头，印下五十张一百张，就算他的日报出版了；他们这不是办报，是用白纸印上了黑字，送给出钱的后台老板过过目，自己捞些津贴费花花罢了。这样的新闻纸（？）哪里能够持久呢？所以"一朝天子一朝臣"，每次政局的变动，同时就有一大批报纸连带倒坍；但是过了几时，又有一批新的日报出现在大栅栏口的报摊上了。

自从革命军打到北平以后，北平的杂乱的报纸，早随了张大元帅同时寿终了。《晨报》，因为拥张讨赤的关系，自动的宣告停刊，将机器生财，盘给李庆芳，另组《新晨报》。虽然换了一个局面，《新晨报》却还能保留他旧《晨报》时代的几处特色。《京报》，却由邵飘萍的夫人汤慧修女士，继续丈夫的遗志，宣告复活，仍有它过去的精神。不过评论，已不能像旧的痛快流利了。不料到十八年秋季，因政府所在地迁移关系，和南京也有一份《京报》的名称，中央宣传部竟训令改名，变为《成报》。本年四月一日起，因南京《京报》停刊了，它又重用旧名。

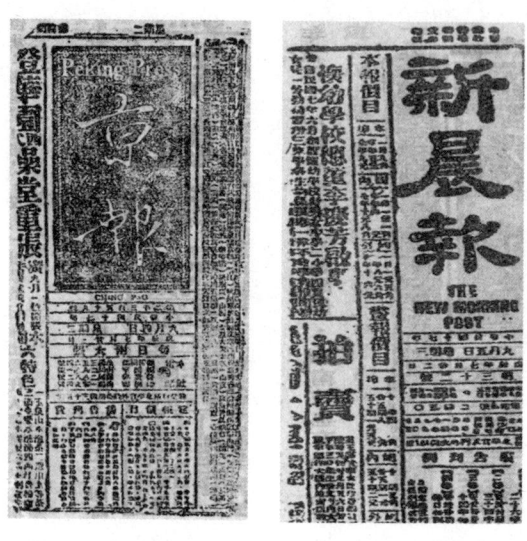

此外，新产生的新闻纸，有《北平日报》《朝报》《民国日报》《中山日报》《今日新报》等几种，没有像从前的多了。

党报之设于北平者，以十八年元旦创刊《华北日报》规模最大。馆址为旧日之印铸局，印机即局中旧有者。日出三大张，以其为中央直接宣传机关，故中央之一切消息，均较他报为速为详；尤于各地党务记载靡遗，附有《华北画报》。

又有《民国日报》为北平党报成立较早者。《河北民国日报》，为河北党部之宣传机关，创刊于天津，自河北省政府与省党部移平后，故亦偕来。

还有一部分的北平人，他可以不看本地的日报，却留待到下午，去买一份天津来的《大公报》看。不错，《大公报》

的确是北方有价值的一种日报，它创刊于光绪二十九年，由名记者胡政之所主持，议论警辟，消息敏捷，早已风行于天津，因为政治的背景，曾为曹锟所封禁。民国十四年复活，延评论专家张一苇为主笔，胡氏自己又不畏辛劳，能跑新闻，做文章；新闻的来源，又有上海、汉口、北平的国闻通讯社直接的传达，所以比任何日报为灵通，出版的地方又在日本租界，

言论比较自由，和北平——在有枪阶级统治下的北平——的新闻纸相比较，自然不可同日而语了。《大公报》副刊"小公园"为何心冷所编，每周又附刊戏剧妇女，儿童等特刊，尤为读者所欢迎。

除掉《大公报》以外，天津还有外国人的《益世报》，这是和北平的《益世报》相联的，颜旨微的评论，为全国新闻界同人所推重。二报都属公教会，传宣教义。《泰晤时报》，为英人的资本，主任熊小豪，"五四"运动的时候，极为学界所欢迎。《庸报》，创办只三年，新闻宏丰，版式新颖，编辑的方法亦颇讲求，真不愧为后起之秀。当民国十年，马千里等曾办一《民意日报》，鼓吹革命宣传党义，惜因资本缺乏，问世不久，便尔停刊。

四、中国报馆的组织和现状

（一）上海报馆的内部

报馆内部组织的完备与否，自然要以其资本的大小，销数的多少，收入的多寡而定，未可一概而论。

就以上海的各日报说吧：《申报》和《新闻报》的内部组织，当然比其他各报馆为完备，他们自己筑造的高大的洋房，有最新式的大架卷筒印机，就是这二样，也是内地的报馆所办不到的。所以内地报馆的组织，的确还是因陋就简，除掉编辑和营业二部以外，印刷，差不多都是托别家的印刷所代印的——能够自己有简陋的排字房和一二架平面的印报机的，已经算是很完备的了。

《申报》和《新闻报》的内部组织，大概分总理处，编辑部，营业部，印刷部四大部。

1. 总理处下属：总务，文牍，稽核，会计，收发，庶务各科。

2. 编辑部下属：电讯，本埠，经济，教育，文艺，翻译，采访，整理，校对考核，藏书各科；电讯之下又设收电，译电二股；文艺之下又设杂著，图画二股。

3. 营业部下属：发行，广告，推广，承印，收银各科；广告之下又设收稿，编校二股；发行之下又设定报，批报，票签，售版各股。

4. 印刷部下属：印刷，活版，浇铸，机械，制版各科；印刷之下又设印报，承印二股；活版之下又设新闻，广告，刻字三股；浇铸之下又设浇版，铸字二股；制版之下又设铜锌，木工二股。

上海的各报馆，对于上四大部的设立大概都全，不过四部的内容，没有这样的完备。譬如说制版，上海自设的铸版房，只有《申报》《新闻报》《时报》三家有的。教育新闻，只有《申报》《新闻报》《时报》《时事新报》四家设有专栏。最详细而兼有图画的，当推《时报》为最好。《民国日报》则因党报的关系，另外辟有党务新闻一栏。

（二）上海各报的现状

上海各报馆，自从革命军北伐完成以后言论政见，差不多已成为清一色的了，各报馆为增高它的地位，增加它的收入，现在可以看得出的，就是"新闻的竞争"和"广告的竞争"。

上海各报新闻的来源，从前是只靠各通讯社和访员所供给的,所以常常会发现各报一律的笑话。现在这种"撑满版"的办法,已经不能满足读报人的欲望,因此各报馆都另设立采访部由报馆自己派遣记者,出去采访重要的,新鲜的新闻。第三期北伐开始,以至打到济南时的随军记者;在旅馆里吃生鸦片和投身黄浦江中的自杀者的社会新闻,采访部也直接派遣记者去采访。报纸上所登的活的新闻,我们现在时常都可以看到。

广告竞争,自从汪英宾从美国回来担任《申报》的广告部主任以后对于广告方面的确是日有起色。且并为拉拢商店广告的便利起见,特另出一张"本埠增刊"专登广告式的文字,每逢阳历年底圣诞节前,还分出各种冬至特刊,和其他的装饰、饮食等货的特刊,一方面是提倡,一方面可以多拉拢商店广告。曾经还另刊广告竞赛,定有奖金,以资鼓励。《新闻报》也另刊有"本埠附刊"一种,其性质和《申报》的"本埠增刊"相同;有时还另印各业的专号,像烟草专号书籍专号等。《新闻报》的广告总算发达的了,但是有一样是我们看得出的,就是新文化书籍的广告,该报特别缺少,甚至于没有;我们如果拿《申报》来看,每天在第二张的封面上,总可以看到"今天出的什么新书"?《新闻报》却就没有了。这是因为《新闻报》太注重在中下级社会,不肯分一部分的精神,像它的教育新闻一样,来提倡新文化,因此青年学界不喜欢它的缘故。《时事新报》也有过"市声"一栏,现已经取消了。"本埠增刊"和"本埠附刊"因为所刊登的都是上海饮食起居衣装娱乐的事,很为上海人所欢迎,不过只限于上海。寄住外埠的报纸,就恕不附送了。

《时报》从狄楚青让给黄伯惠办理后,很注重于美术方面,新闻力求简明，小品文字取消了。他报上用的是新四号铅字和新五号铅字，展开来一看非常的醒目；每天有一全版的时事图画，还于每星期三附送一张"图画时报"。他全部的机器，同时能印四套颜色，所以他的报纸上，常常有红的、绿的、黄的、黑的各样不同的颜色，印在一张纸上，的确别倡一格局，是爱好美术的人们所欢迎。

说到"副刊"文字，《时事新报》的"青光"，《民国日报》的"觉悟"，一是半新不旧，一登党义文章，和从前已经不相同了。《申报》"本埠增刊"上虽时常有"艺术界"，可是都给几位艺术家自己捧自己的文章塞满了。

（三）上海现存的晚报

晚报的销行上海比不上北平。究竟是政治中心地，在从前的时候，大人先生们昼睡夜兴，晚报出版，差不多正是大人先生们浴沐更衣的时候，还不曾看完晨报，晚报却已出版了；还有北平的游息之地，大抵都在中央公园、先农坛、北海一带，啜茶纳凉，就拿一张晚报作为消遣品。上海，却不同了，除非淞沪附近有了大战事，上海人因为关心战局，才肯买一张晚报看看，不然他就到俱乐部游戏场去，再也没有意思来理睬站在路边叫破喉咙卖晚报的了。游戏场，的确也是销售晚报的好场所，可是不许你进去，这就比不上北平的自由了。

上海的晚报能维持其永恒的生命的，当推《中国晚报》了。《中国晚报》创刊于民国九年五月九日，为沈卓吾独力所办，沈氏为上海名记者，他办这一张晚报，惨淡经营，到现在已亏去了十几万元了，这不能不使我们钦佩其毅力。

此外还有《江南晚报》，挂名日商，实则为国民党右派所主持。近两年来遇有国内战争，销路非常广大，成为上海销数最多的晚报了。《中华晚报》《国民晚报》二种，一则销数极少，完全是靠拉拢广告为目的。一则为国民党左派所办，仅印一小张，没有广告收入的。

上海的晚报，因卖价极便宜，全靠广告的收入，所以非印一大张不可；北平的晚报广告的收入少，卖价却比上海要高一倍，所以只要印一小张就够了。这是上海晚报较北平晚报不同之一点。又上海晚报因为要每天印一大张新闻又少，就不能不借重于外埠交换报，和本埠的日报，用剪刀的新闻，最少要占一半；北平的晚报篇幅短小，就容易凑满当天的新闻，看起来，上海的晚报的确不能像北平的晚报全版可看，这是不同之点二。还有上海的晚报，都是单独组织出版，新闻的来源困难；北平的晚报，像现存的《世界晚报》《北京晚报》，都是日报的夕刊，新闻的来源，比上海容易得到，这是不同之点三。

有了这样三种的不同，和推销的难易，出版的迟早的种种关系，所以我说北平的晚报，可以持久，上海的晚报就难以发展了。